Este Libro Pertenece a:

____

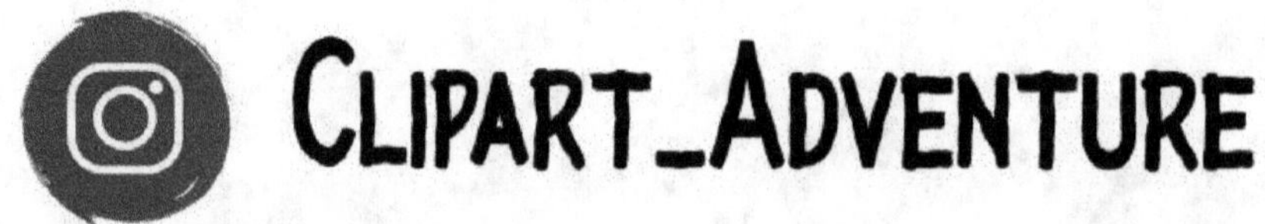
Clipart_Adventure

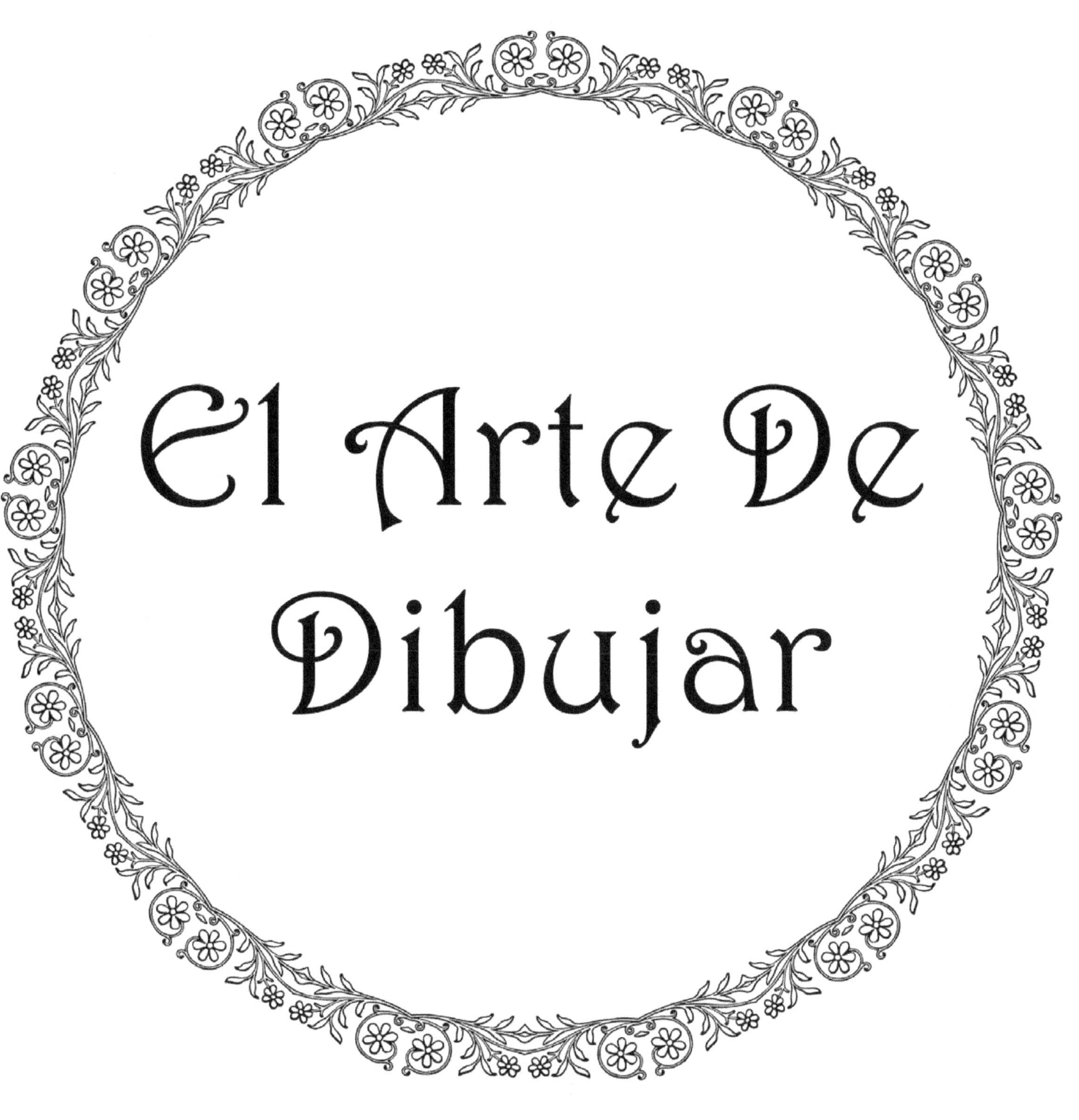

El Arte De Dibujar

Aprender Dibuja

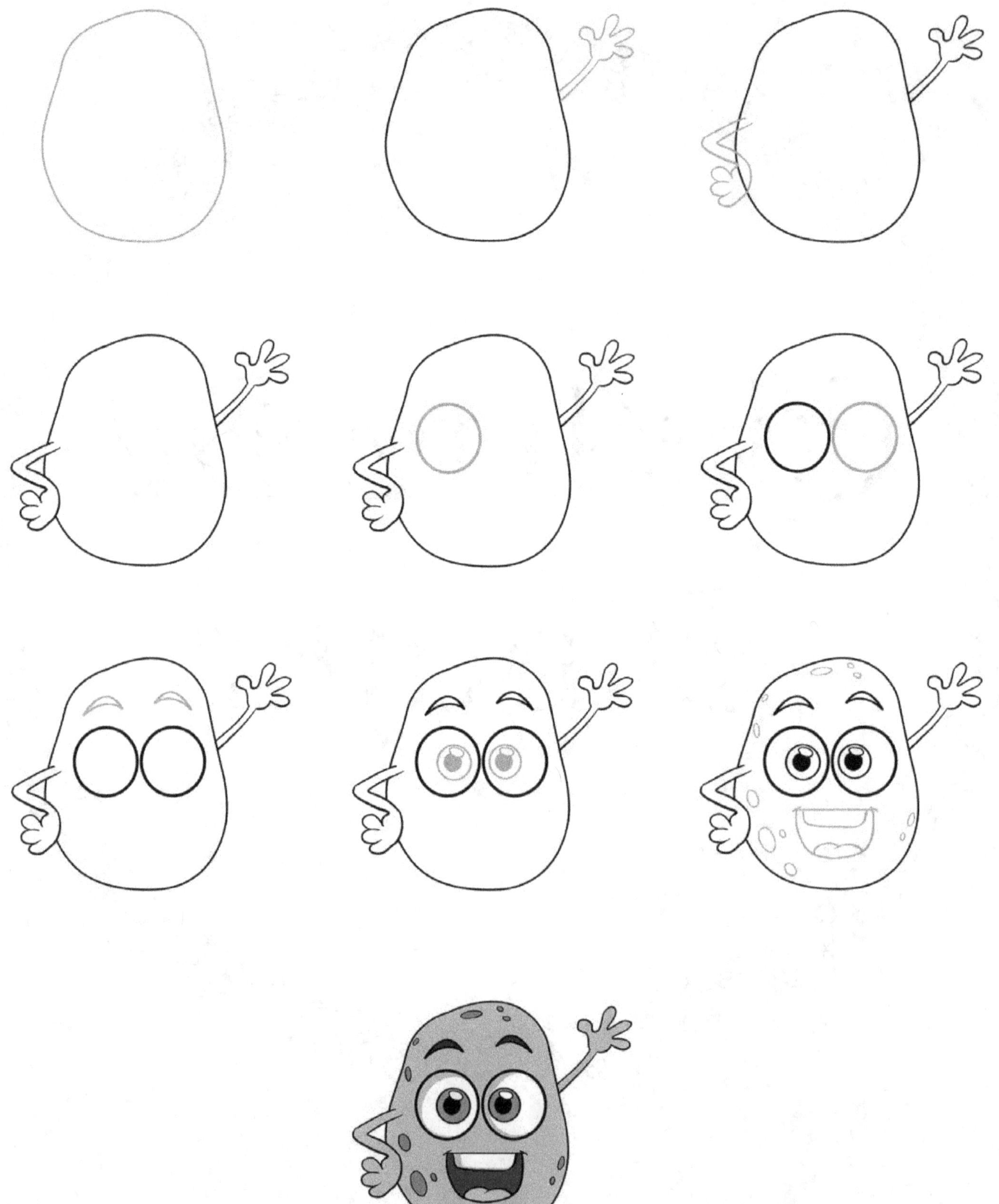

Aprender Dibuja

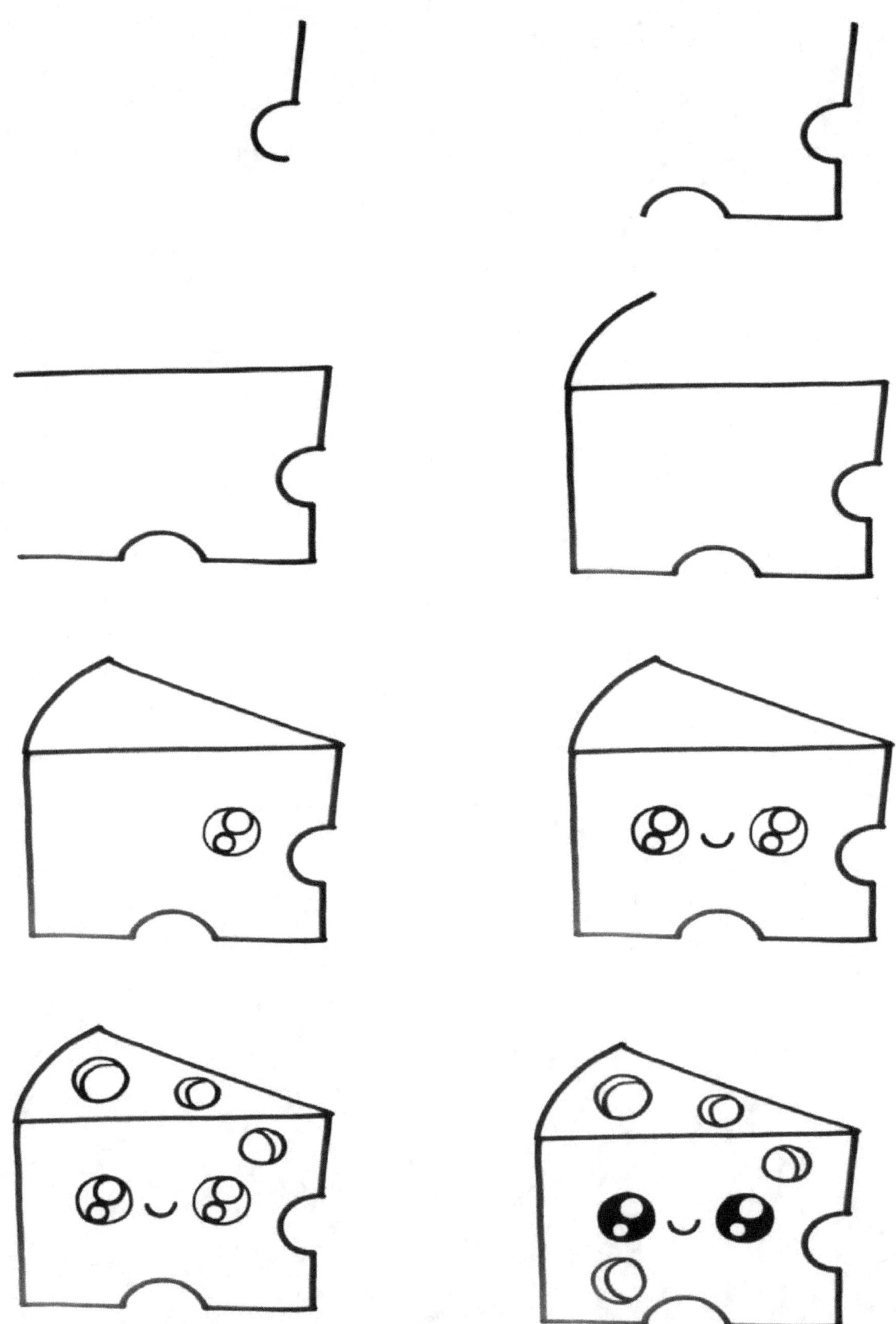

Aprender Dibuja

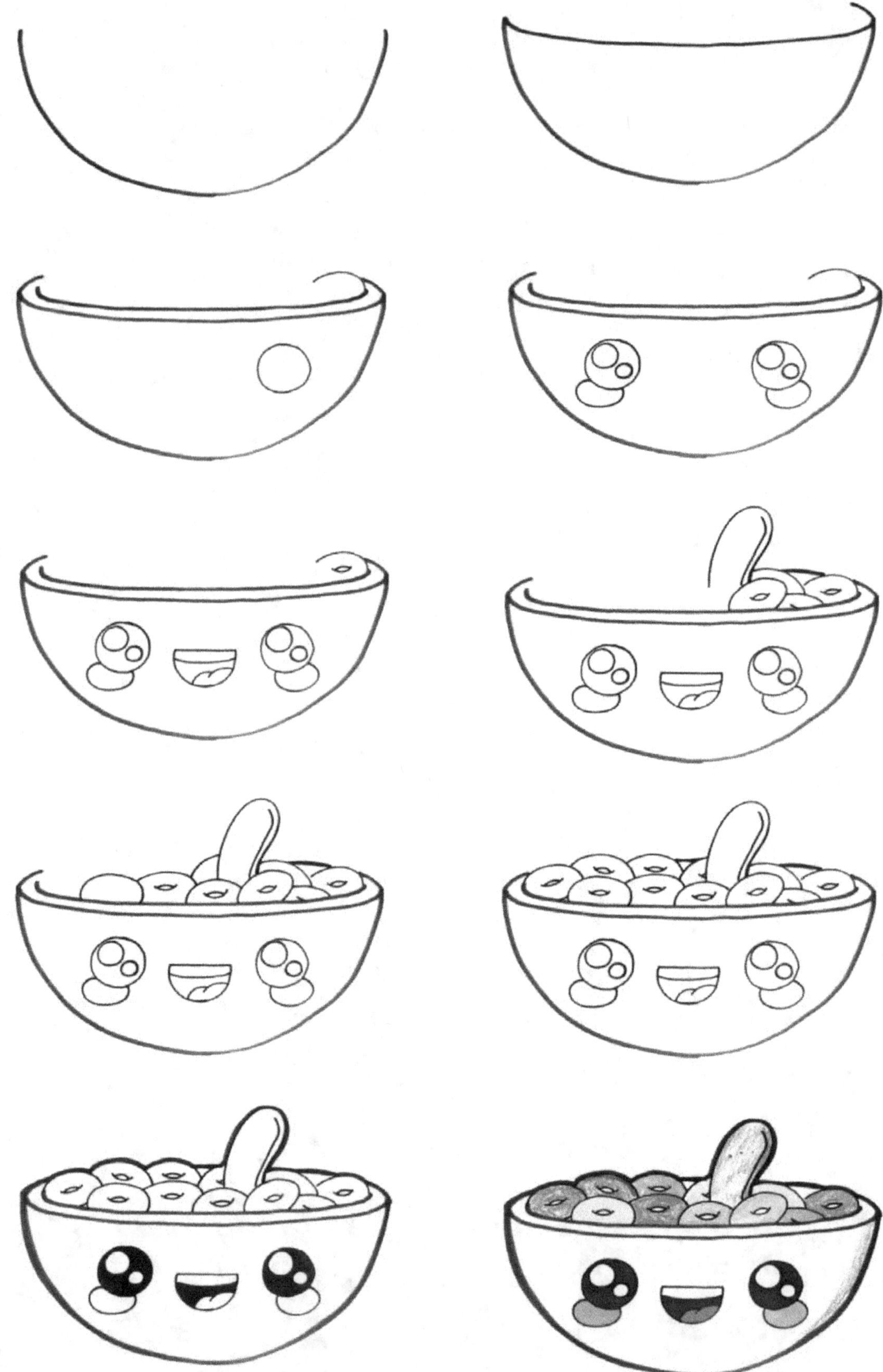

Ahora es Tu Turno!

Aprender Dibuja

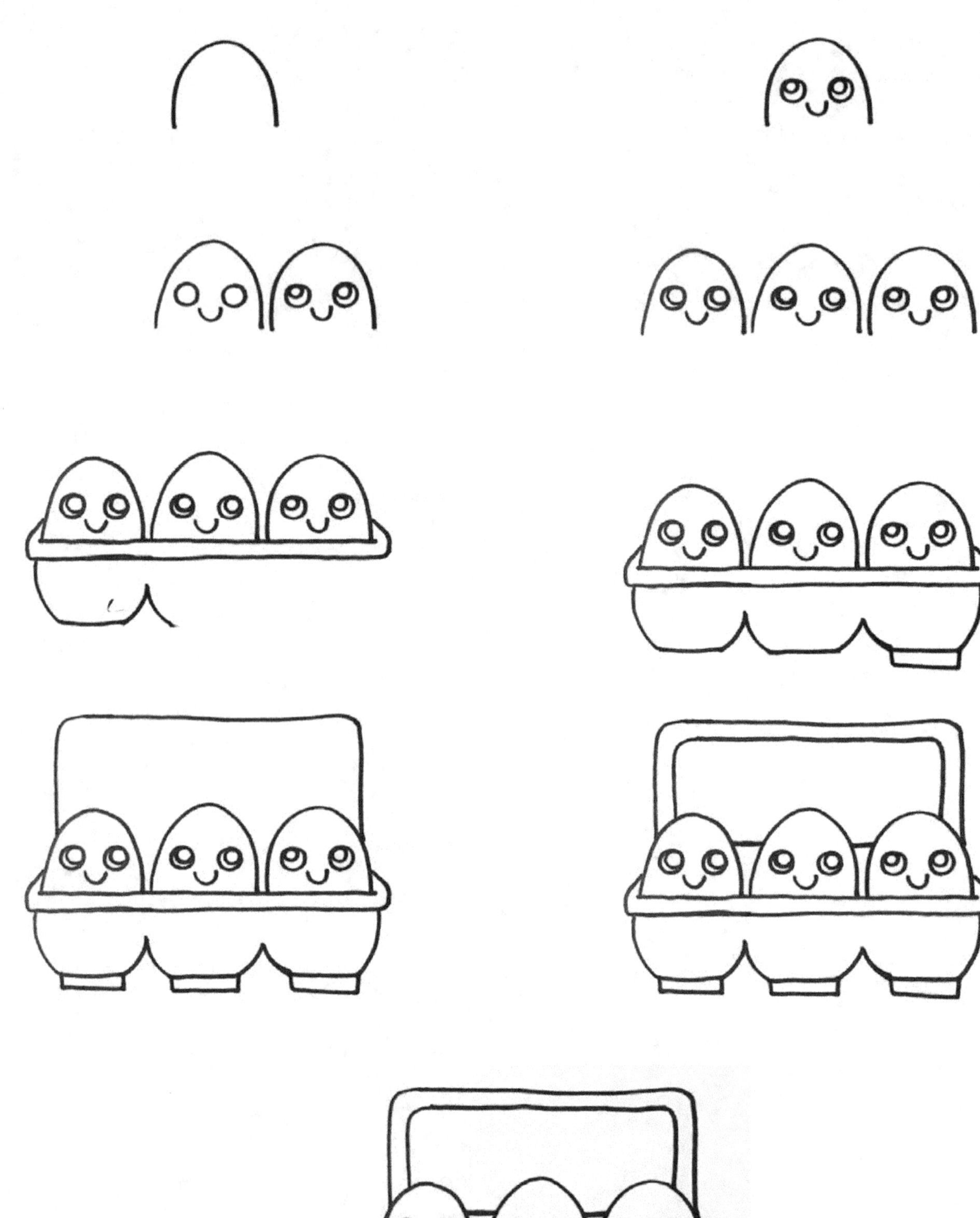

Ahora es Tu Turno!

Aprender Dibuja

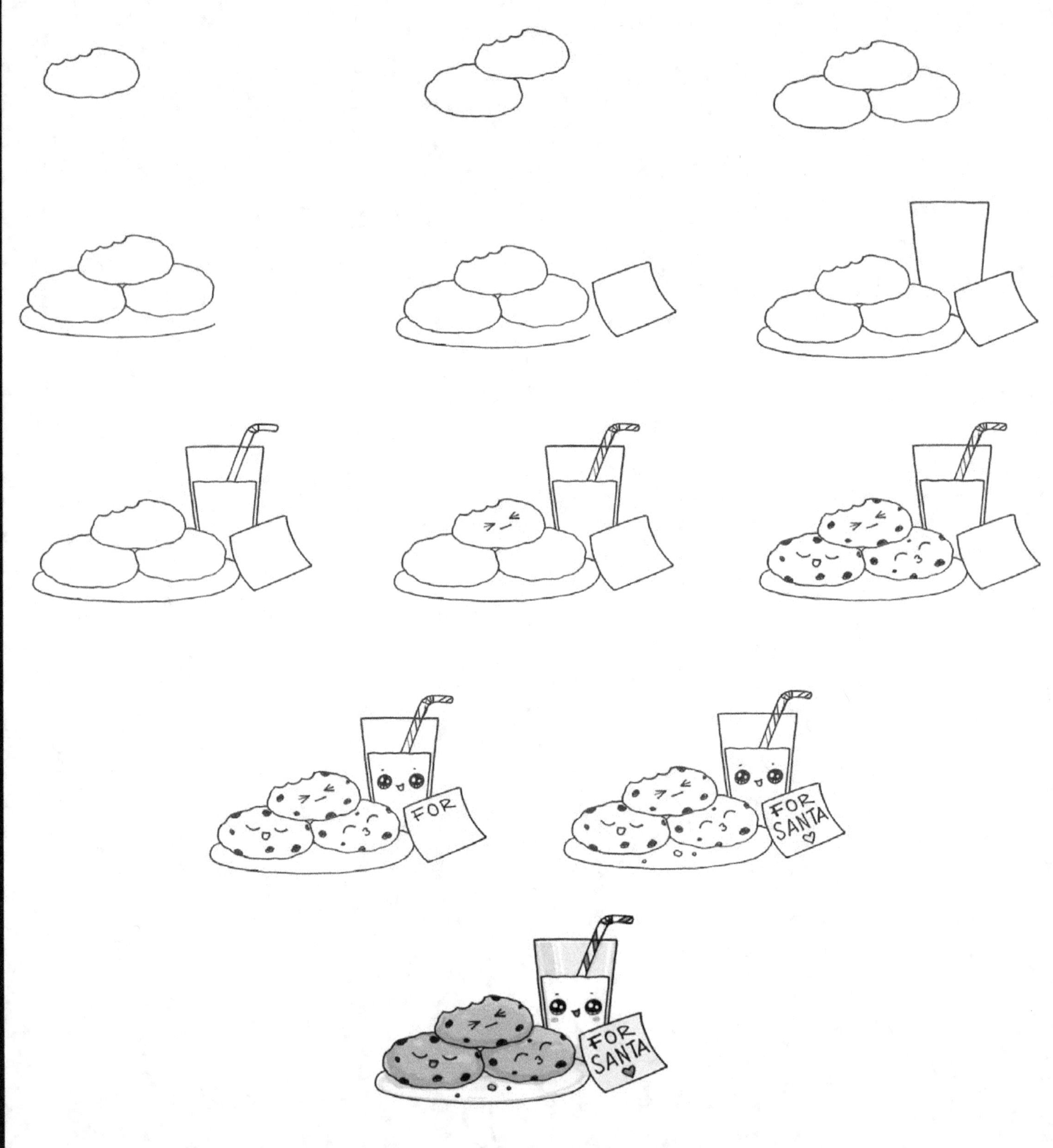

Ahora es Tu Turno!

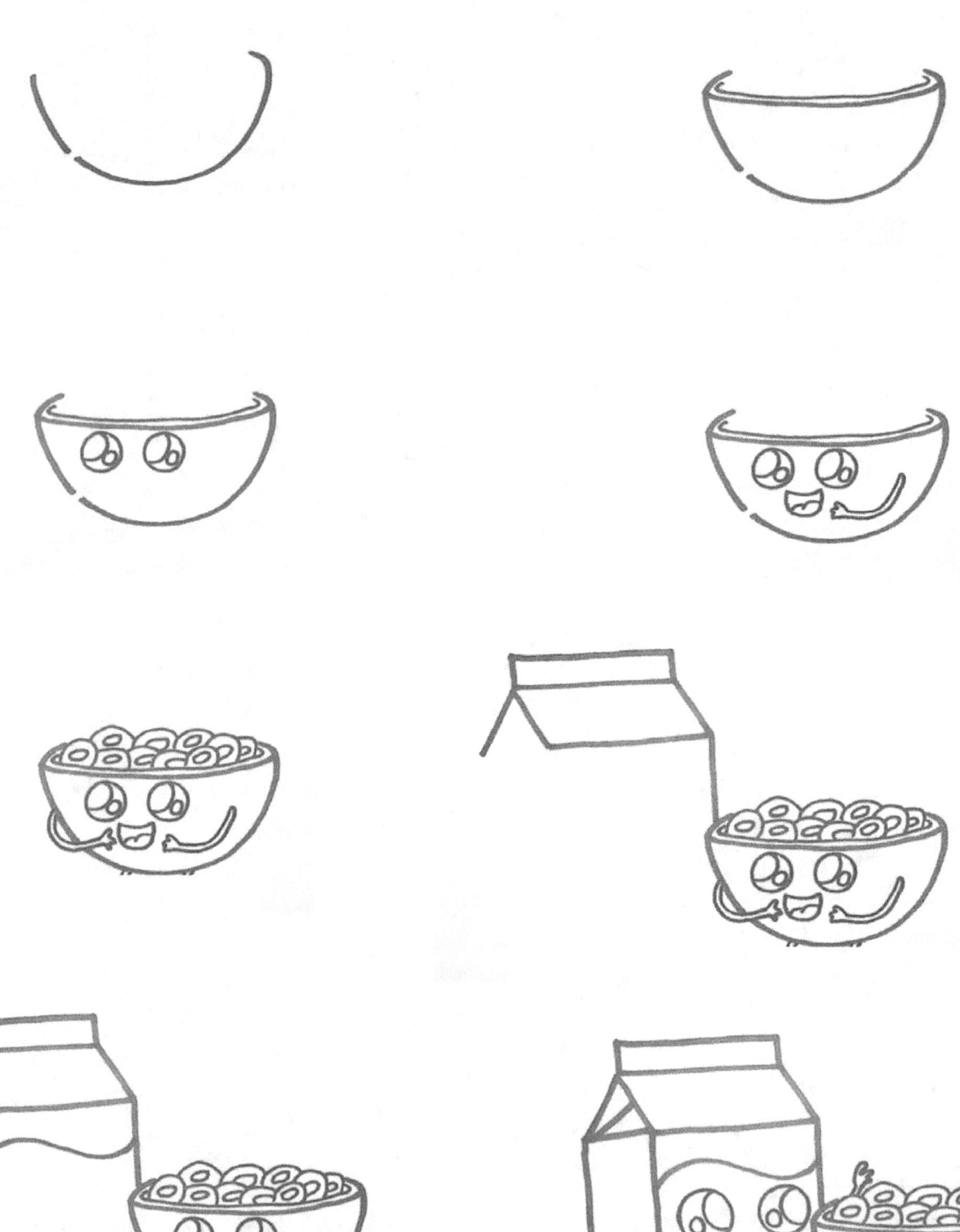

Ahora es Tu Turno!

Aprender Dibuja

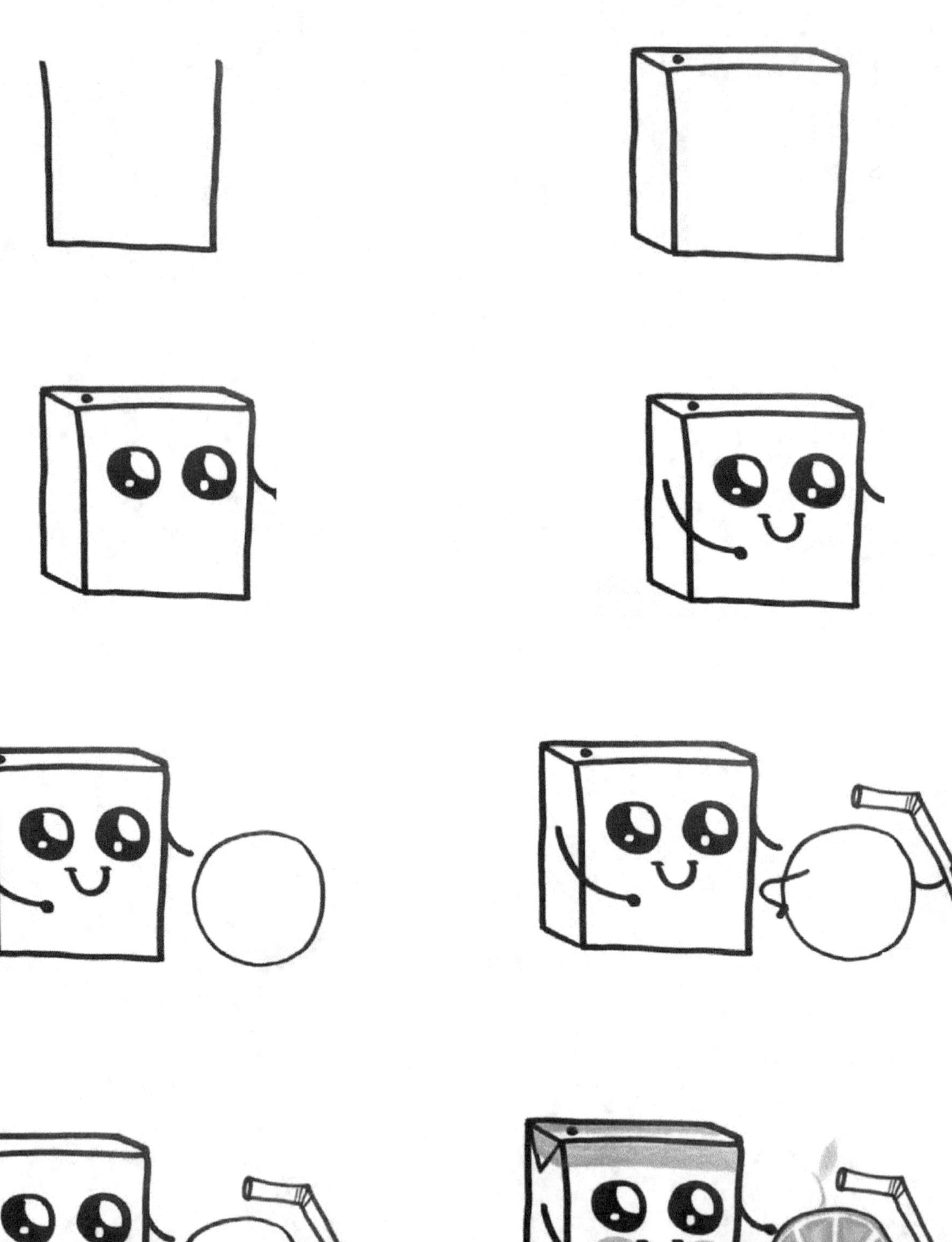

Aprender Dibuja

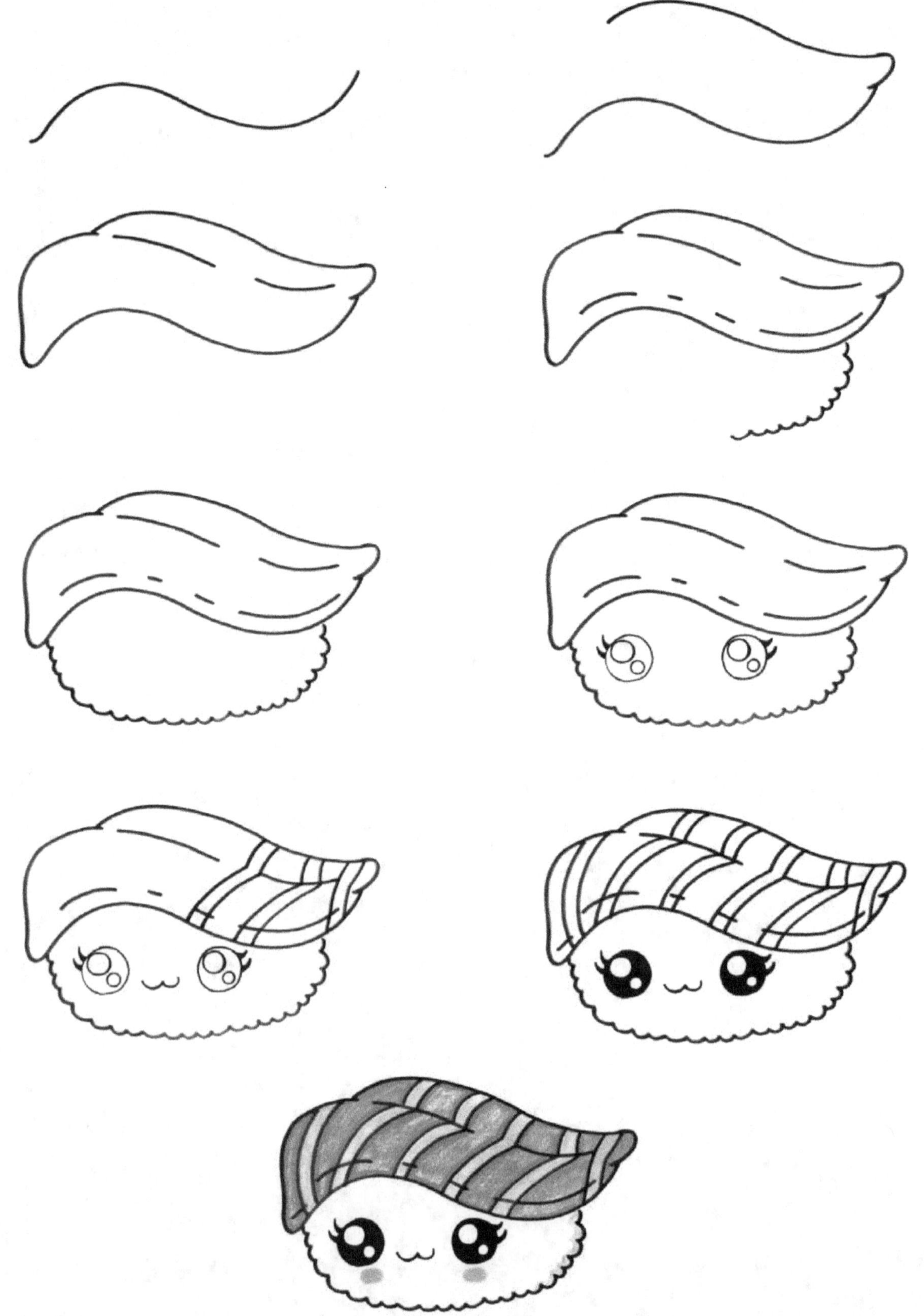

Ahora es Tu Turno!

Aprender Dibuja

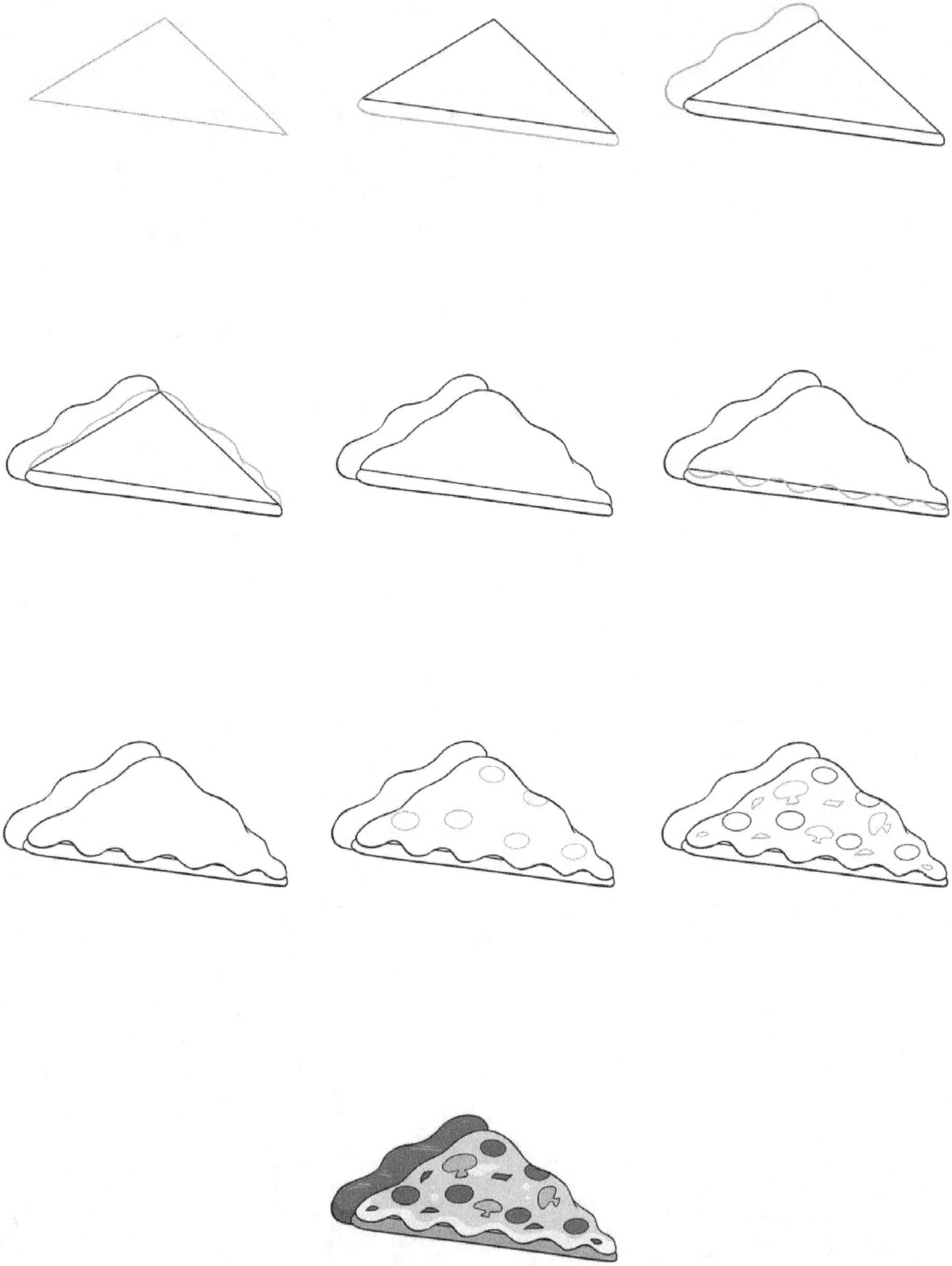

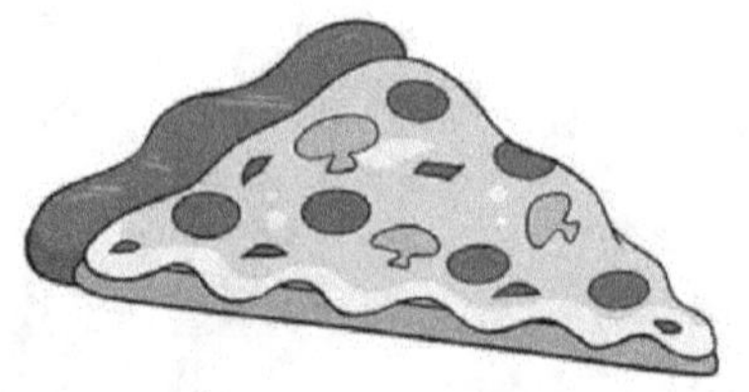

Ahora es Tu Turno!

Aprender Dibuja

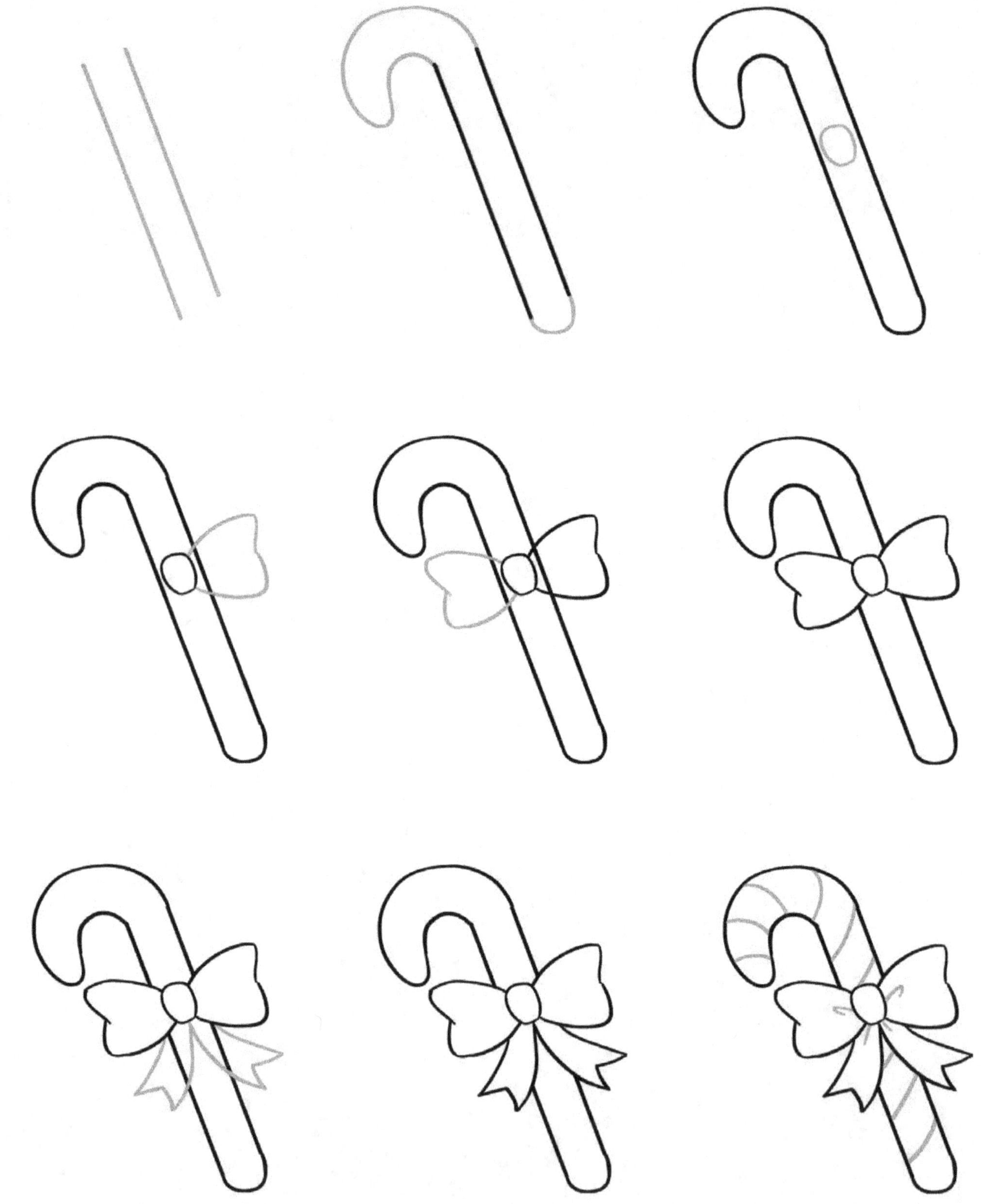

Aprender Dibuja

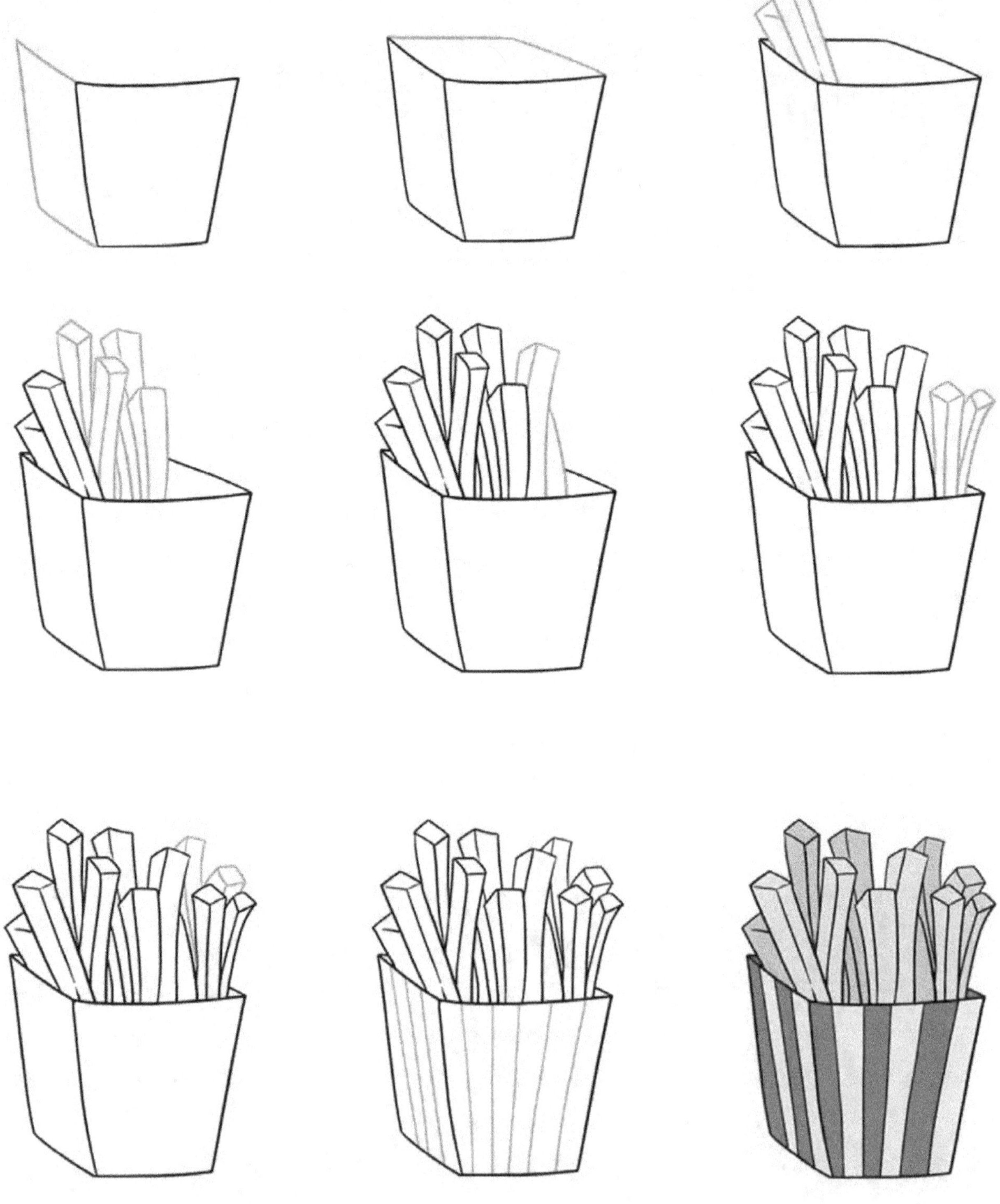

Aprender Dibuja

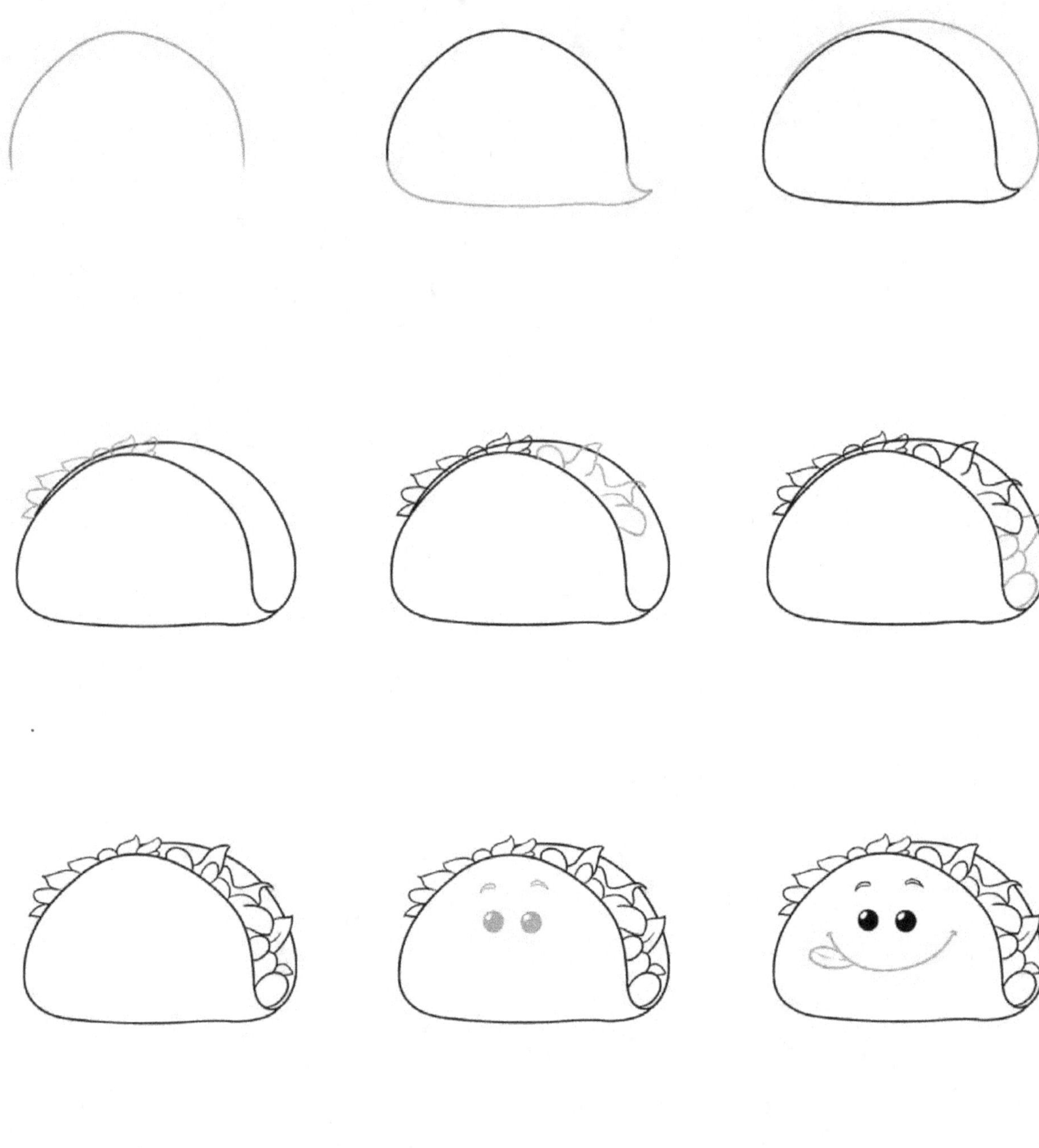

Ahora es Tu Turno!

Aprender Dibuja

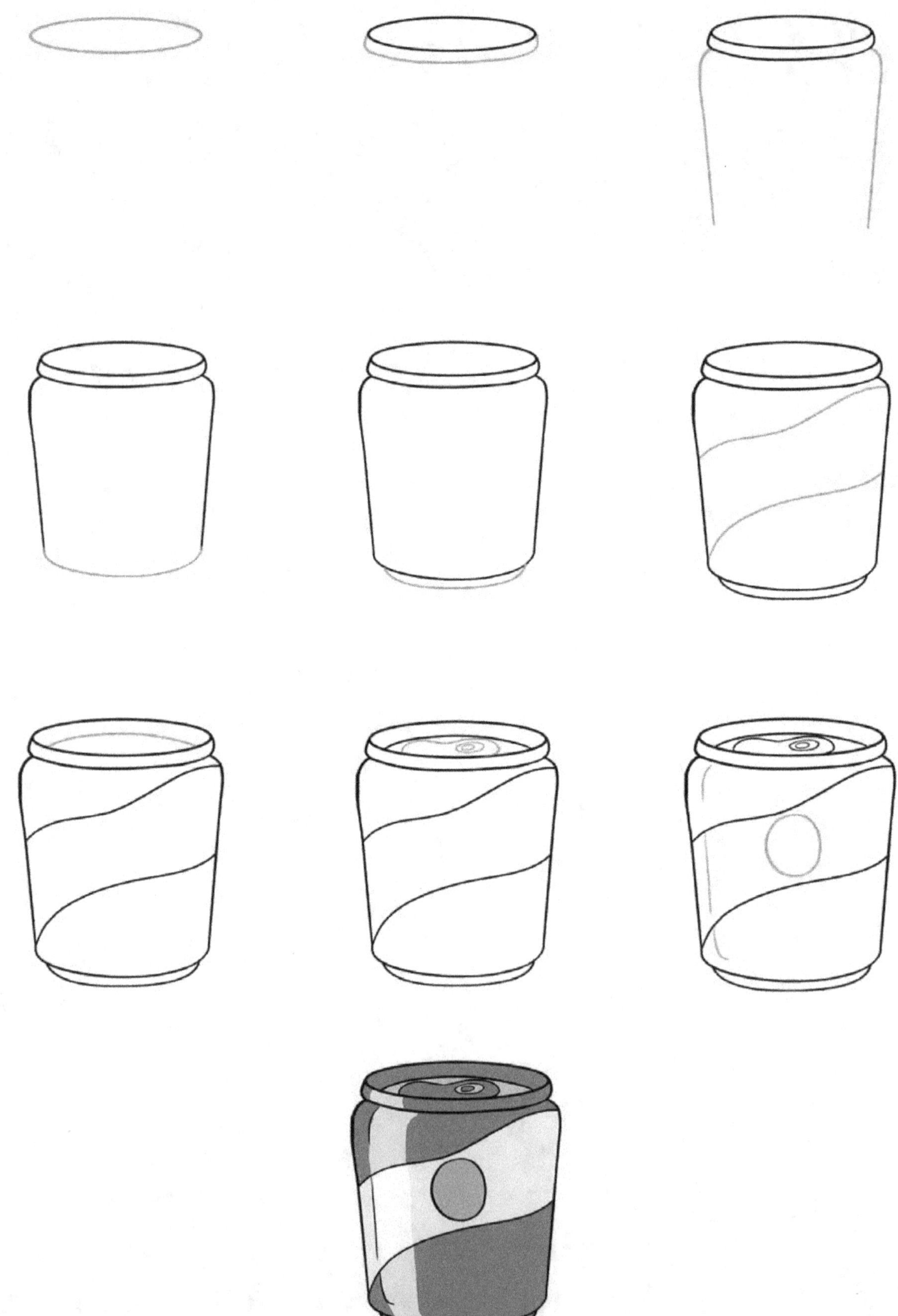

Aprender Dibuja

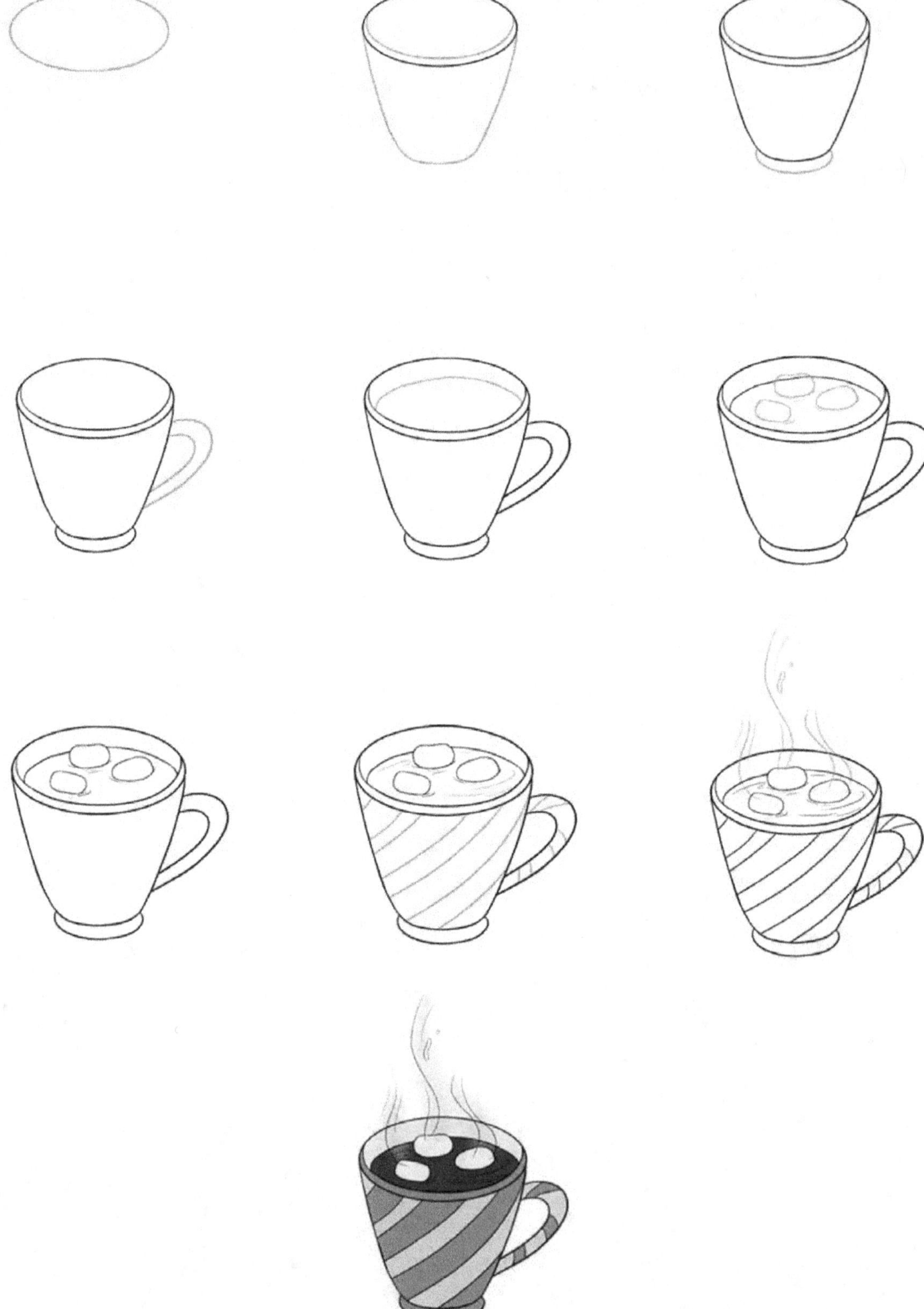

Ahora es Tu Turno!

Aprender Dibuja

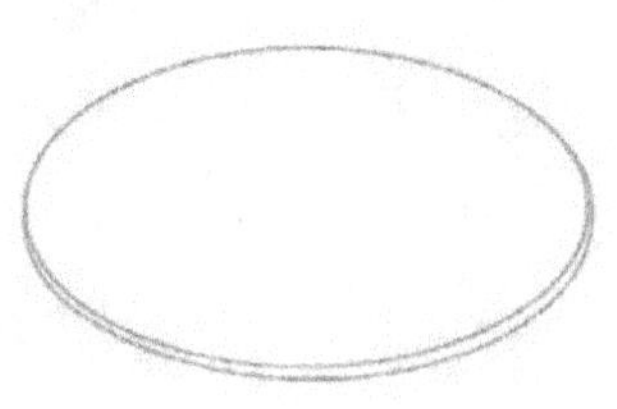 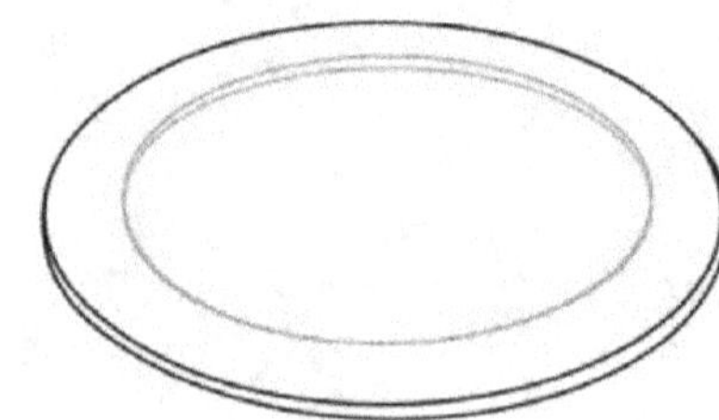 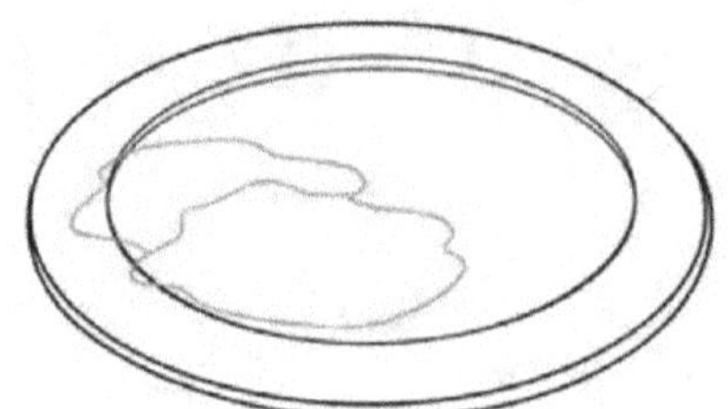

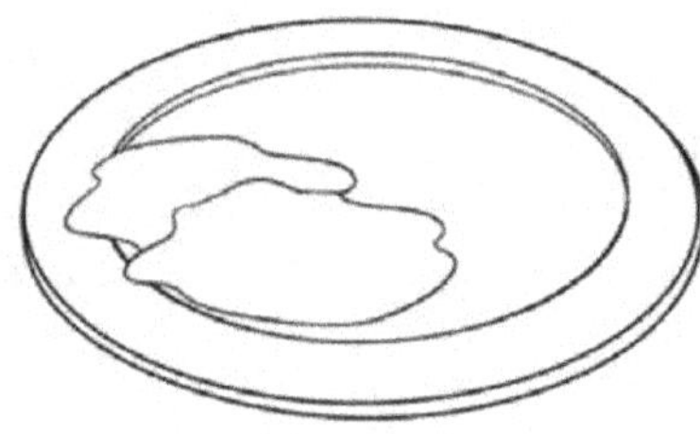 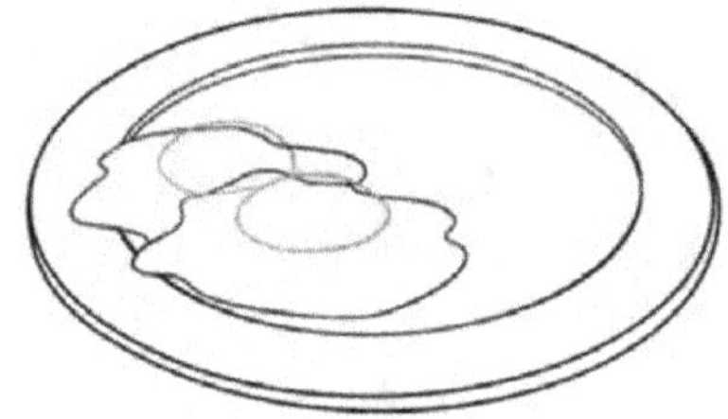 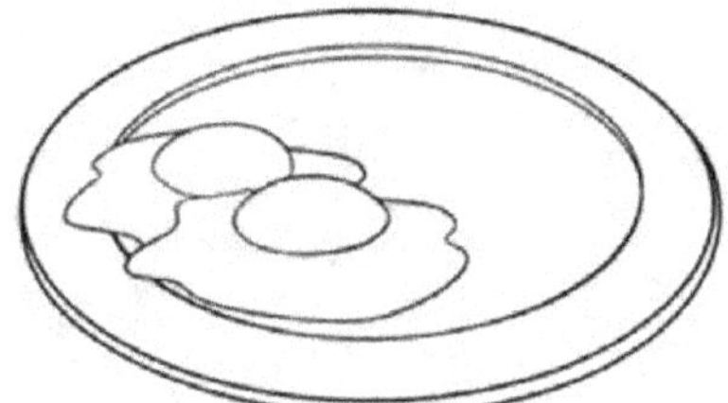

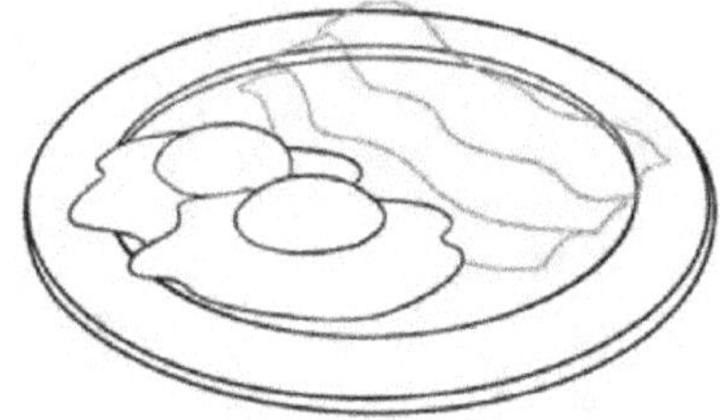 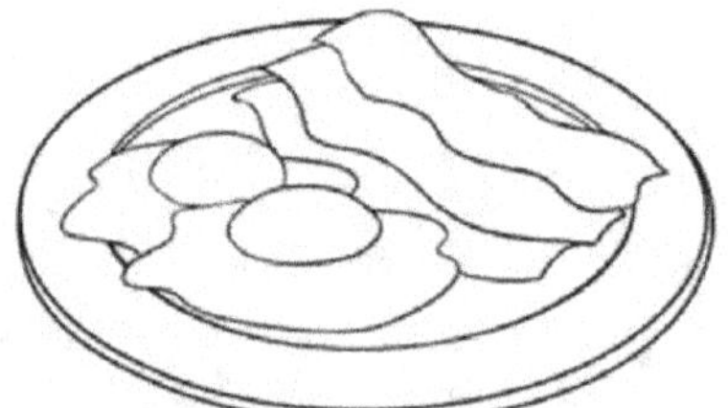 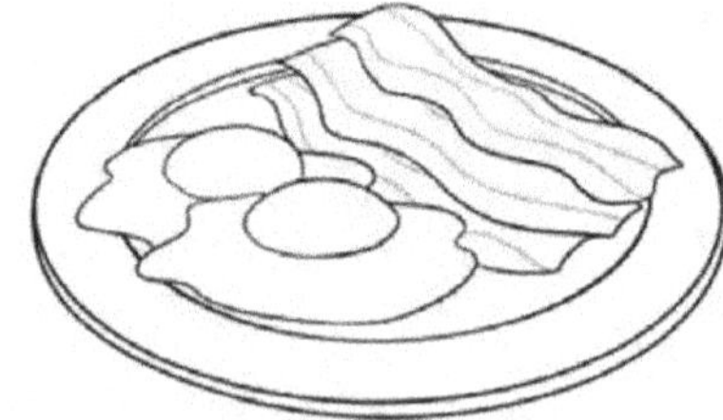

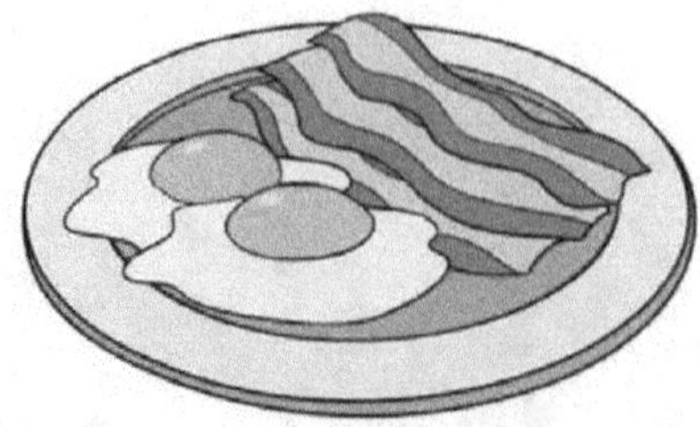

Ahora es Tu Turno!

Aprender Dibuja

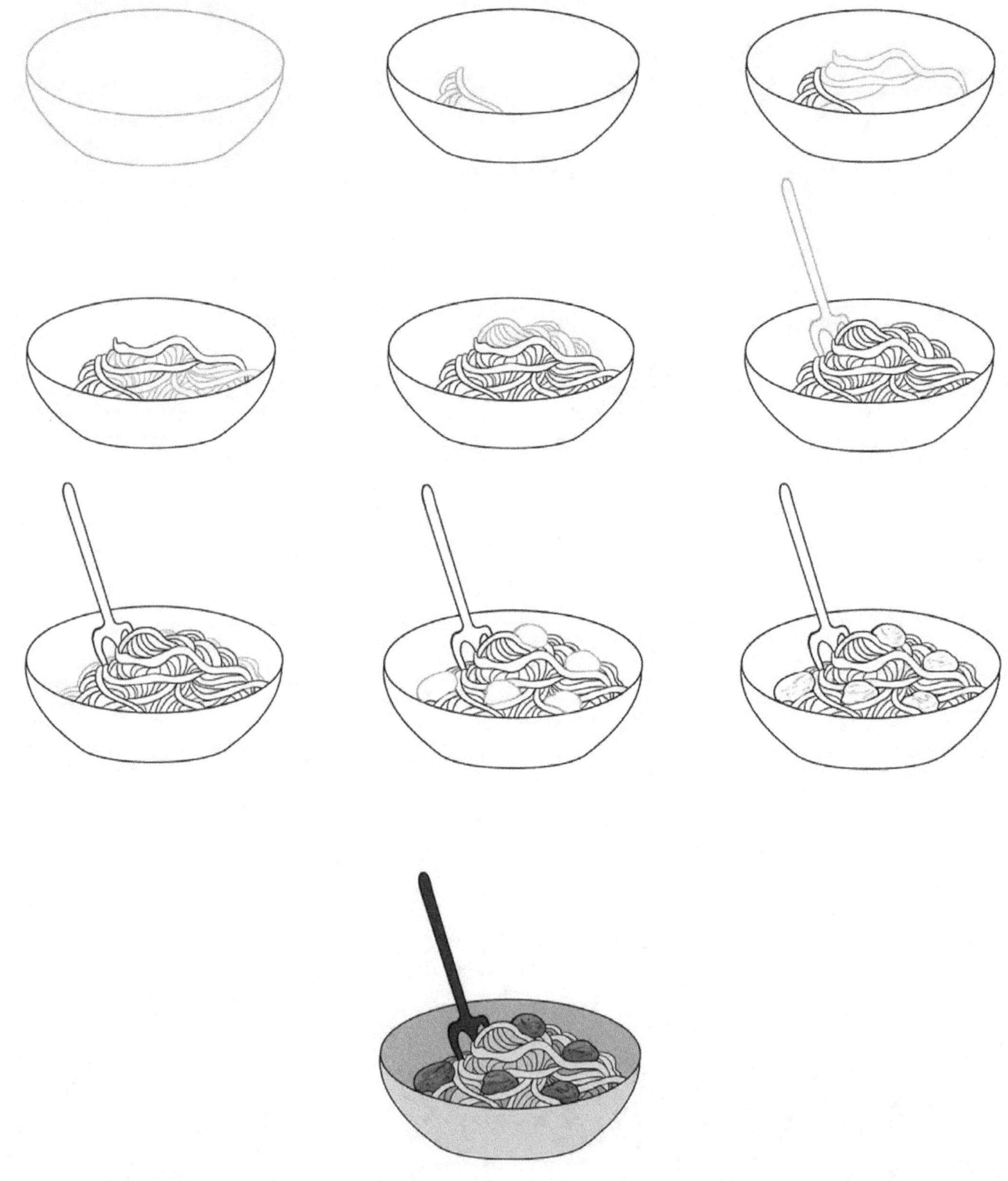

Ahora es Tu Turno!

Aprender Dibuja

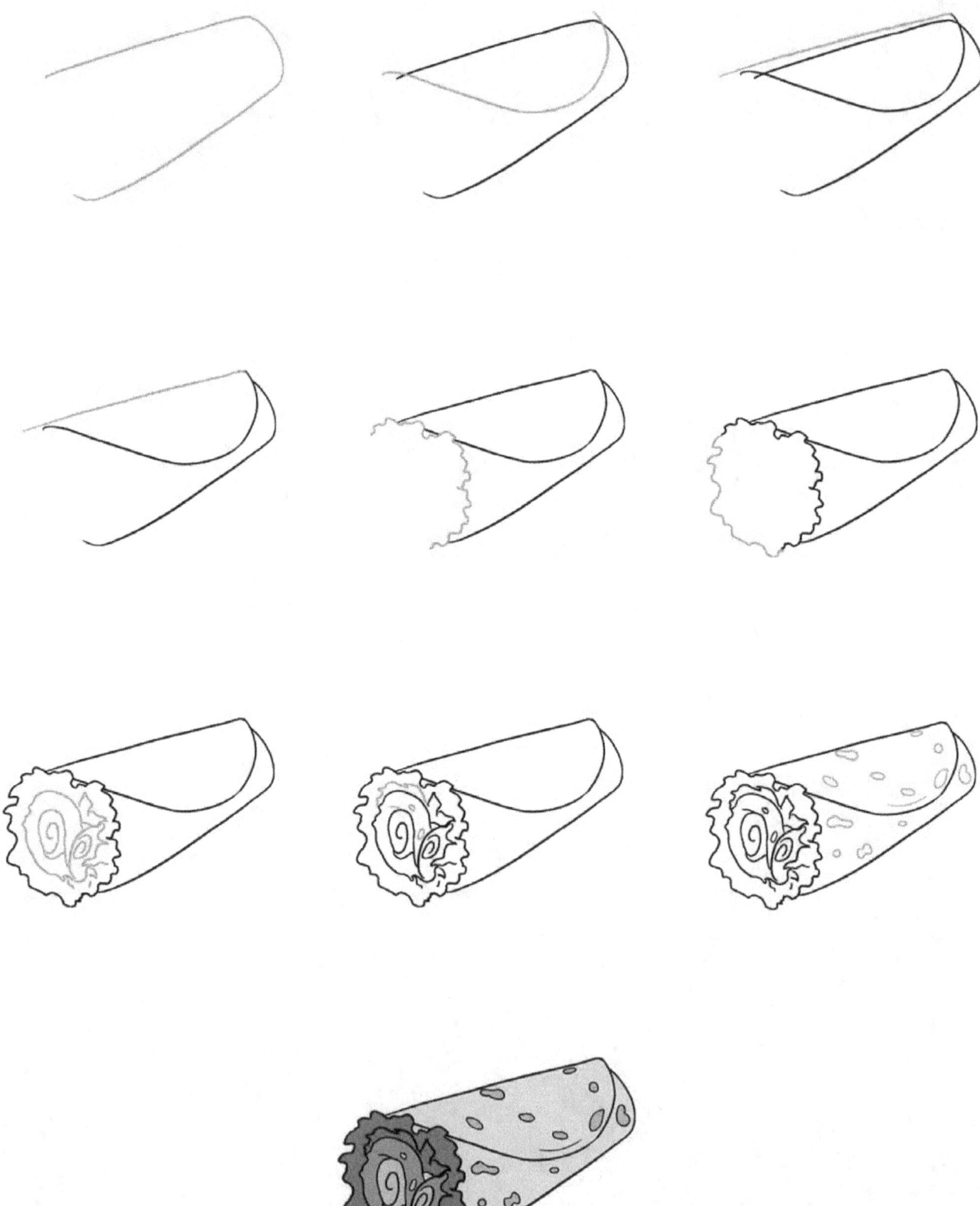

Aprender Dibuja

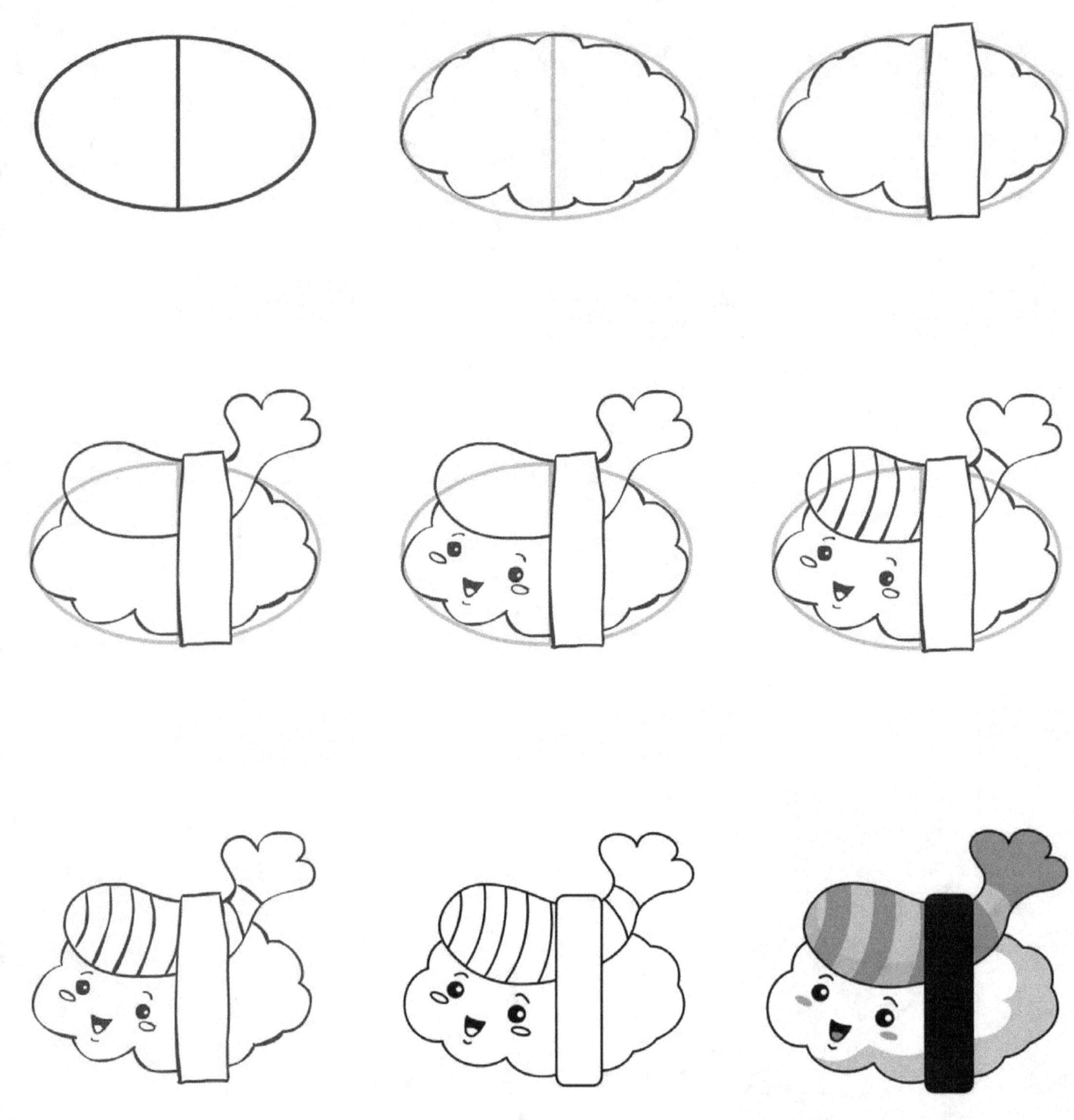

Ahora es Tu Turno!

Aprender Dibuja

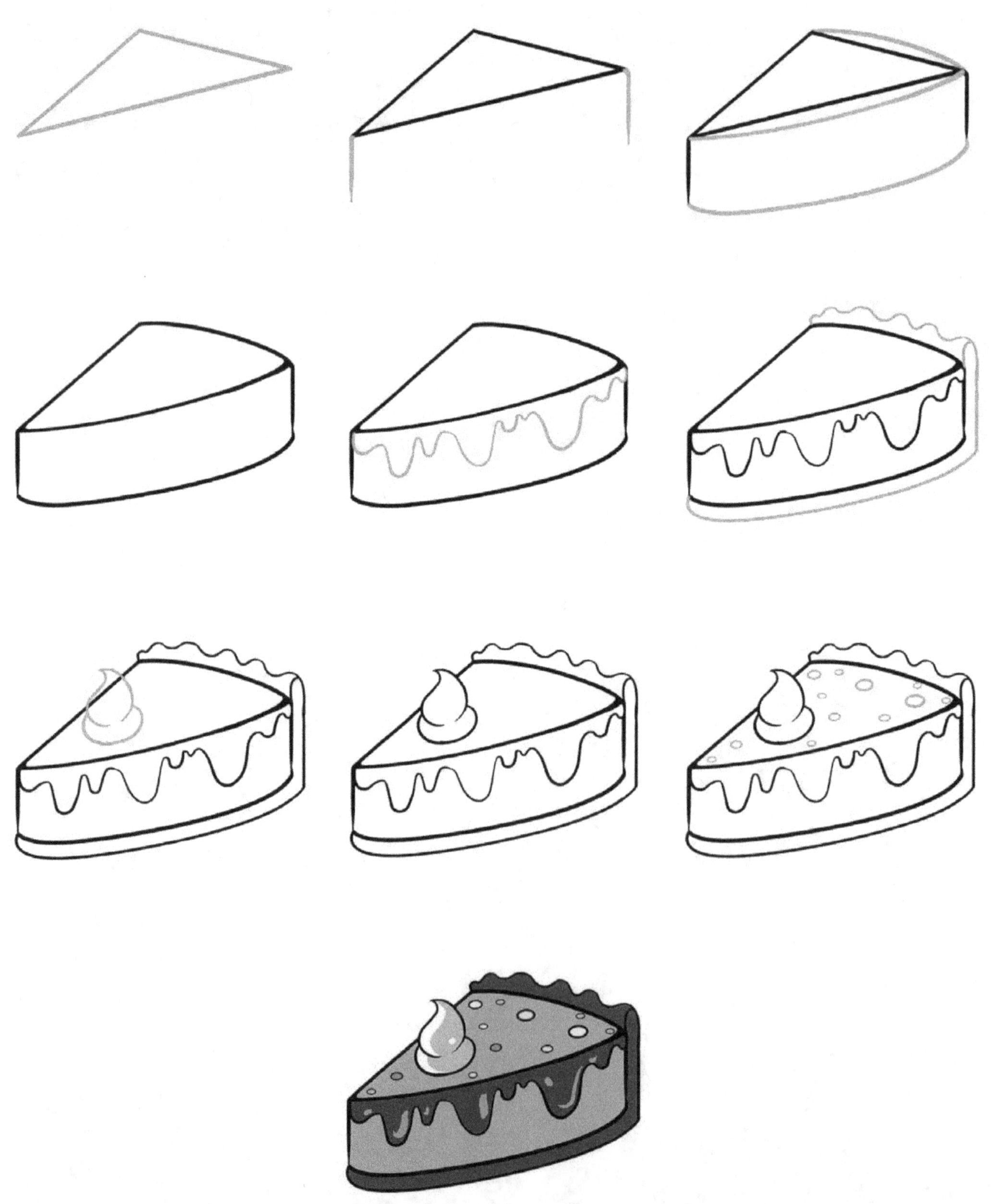

Aprender Dibuja

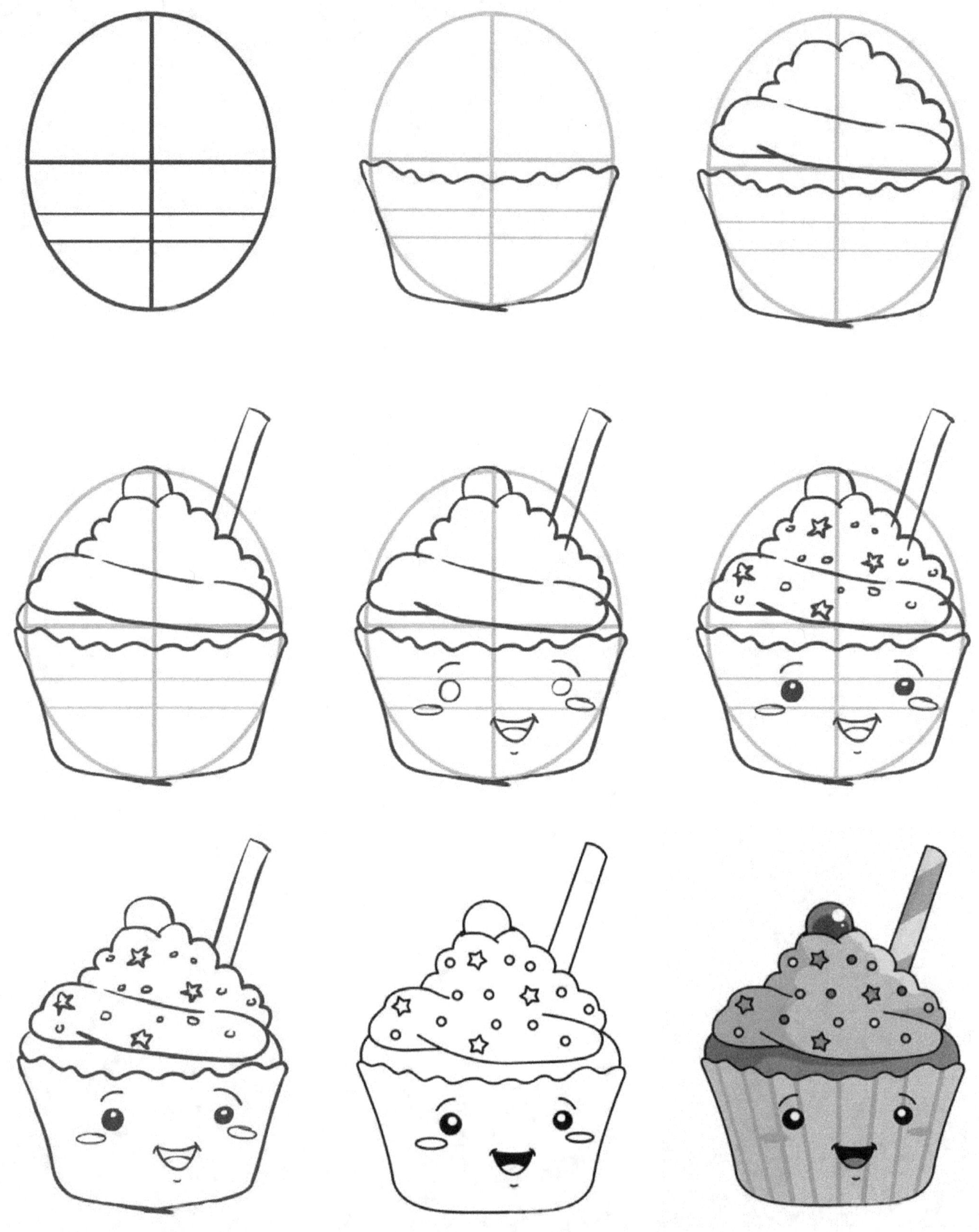

Ahora es Tu Turno!

Aprender Dibuja

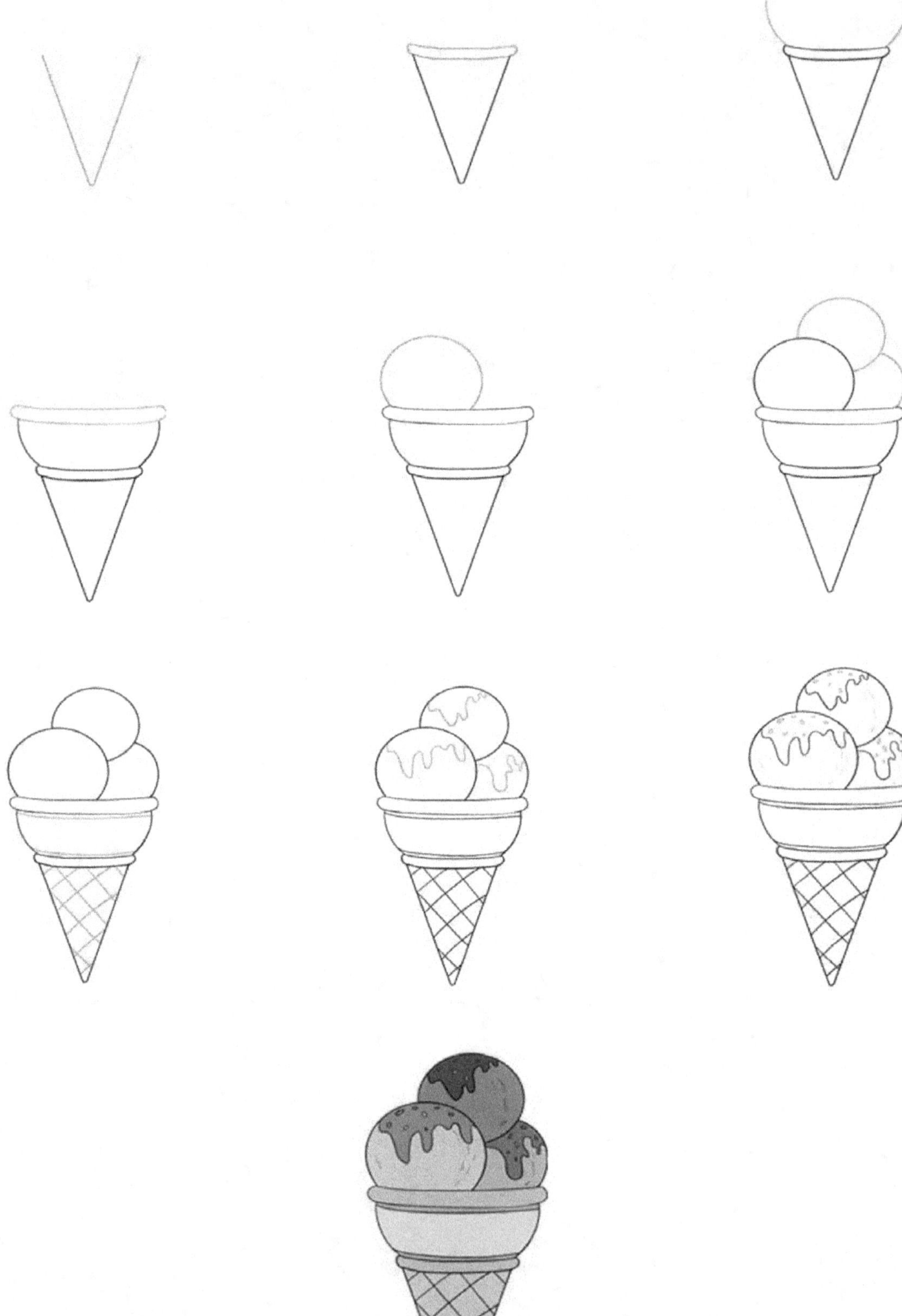

Ahora es Tu Turno!

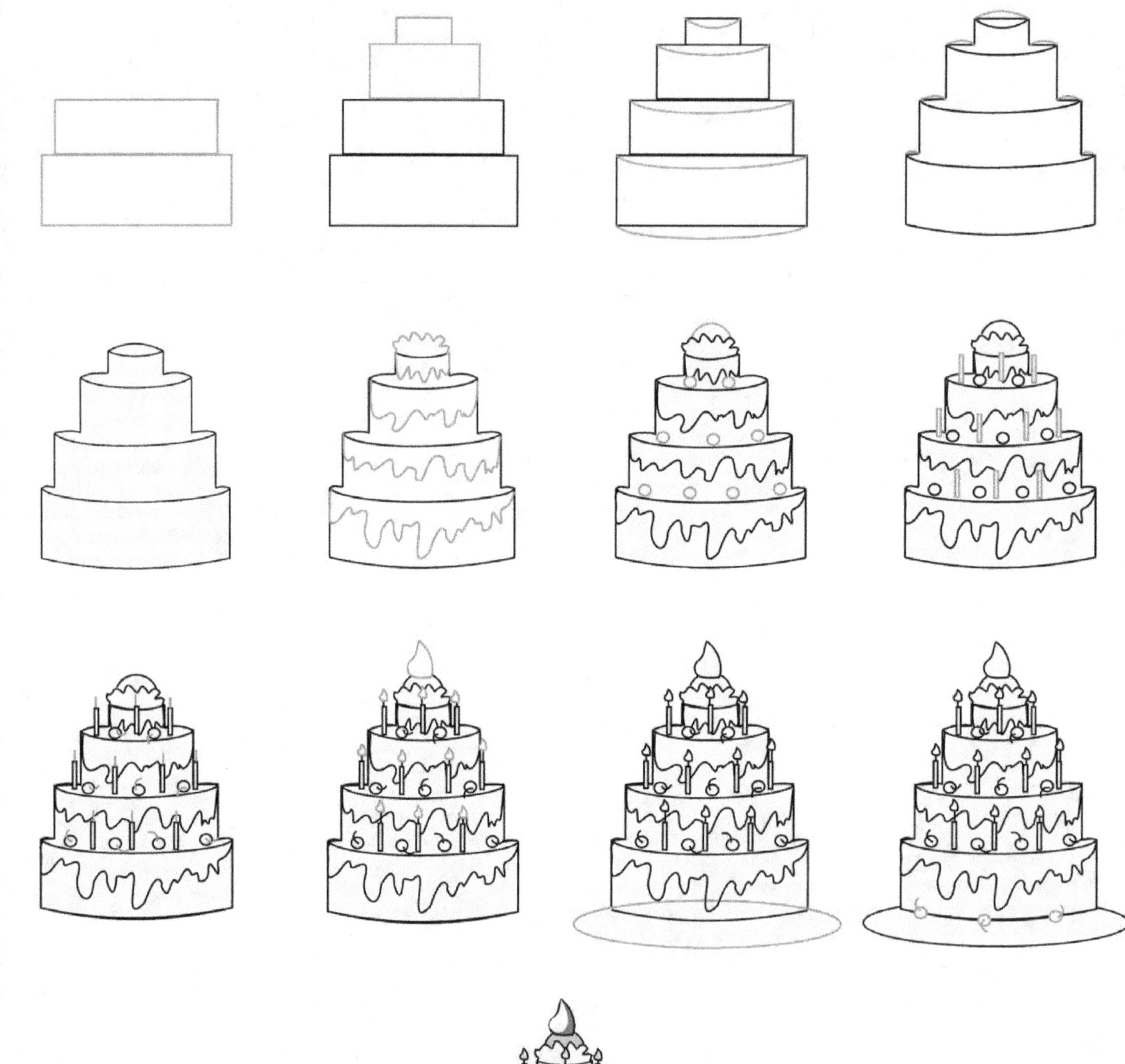

Ahora es Tu Turno!

Aprender Dibuja

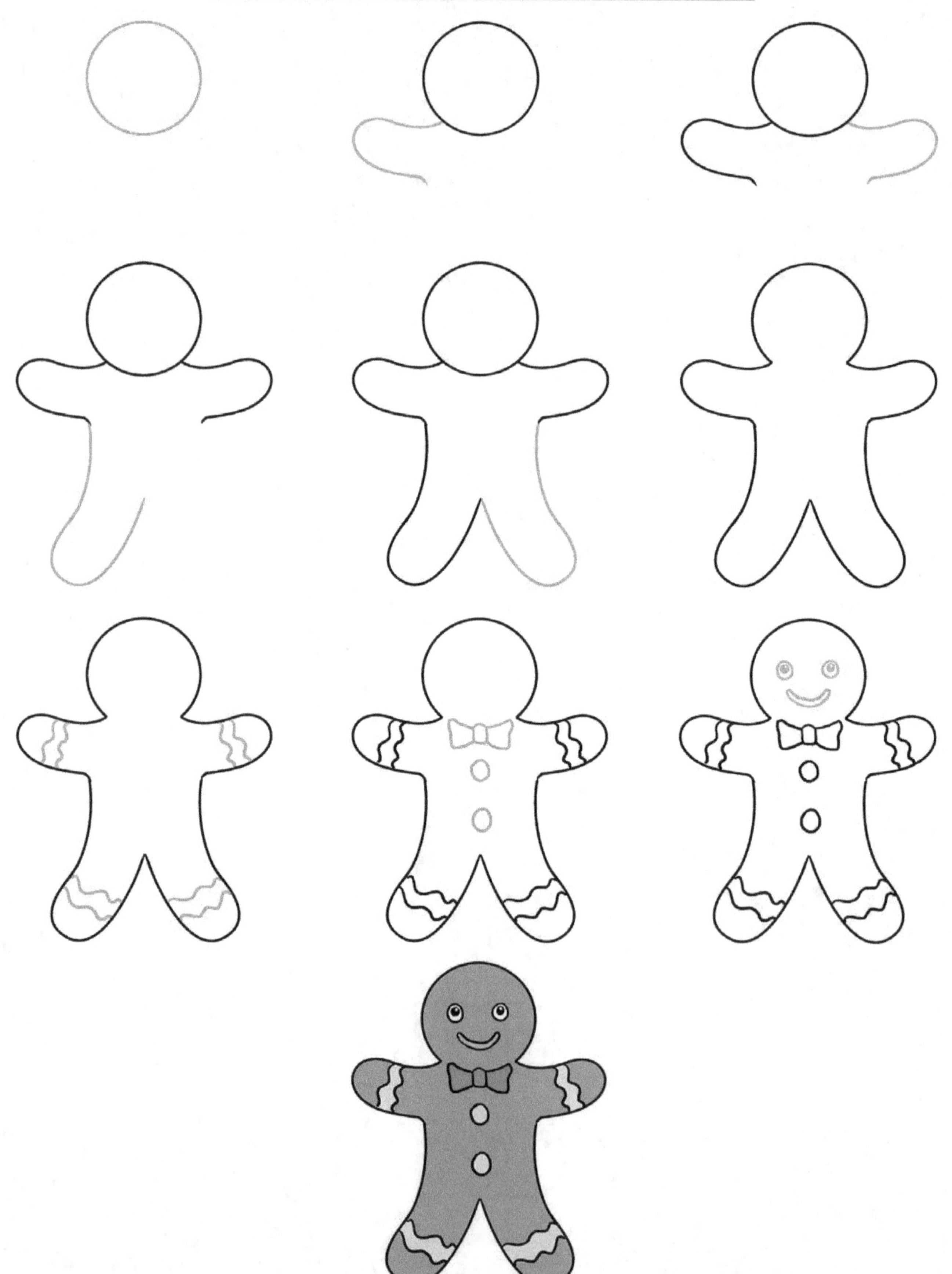

Ahora es Tu Turno!

Aprender Dibuja

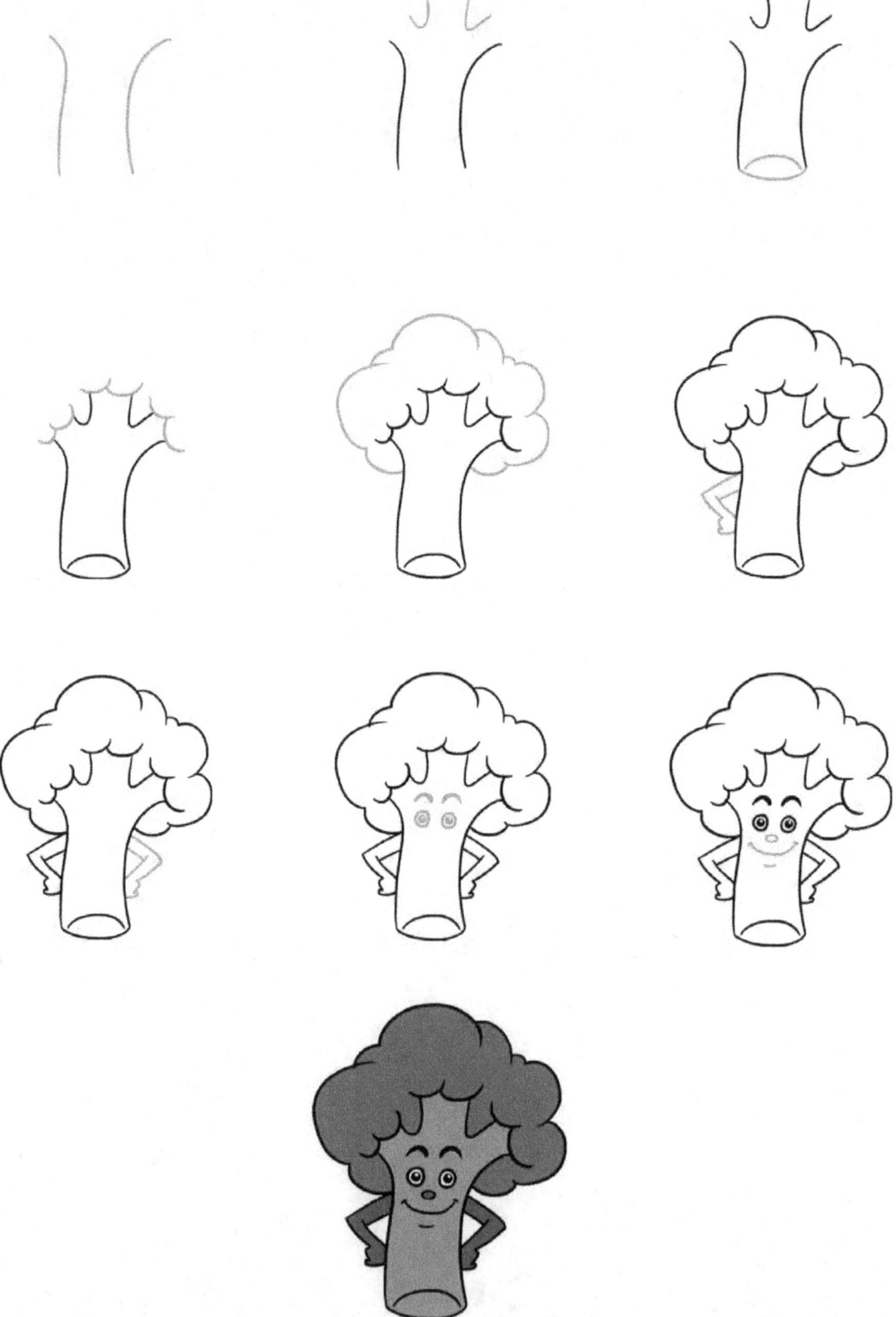

Aprender Dibuja

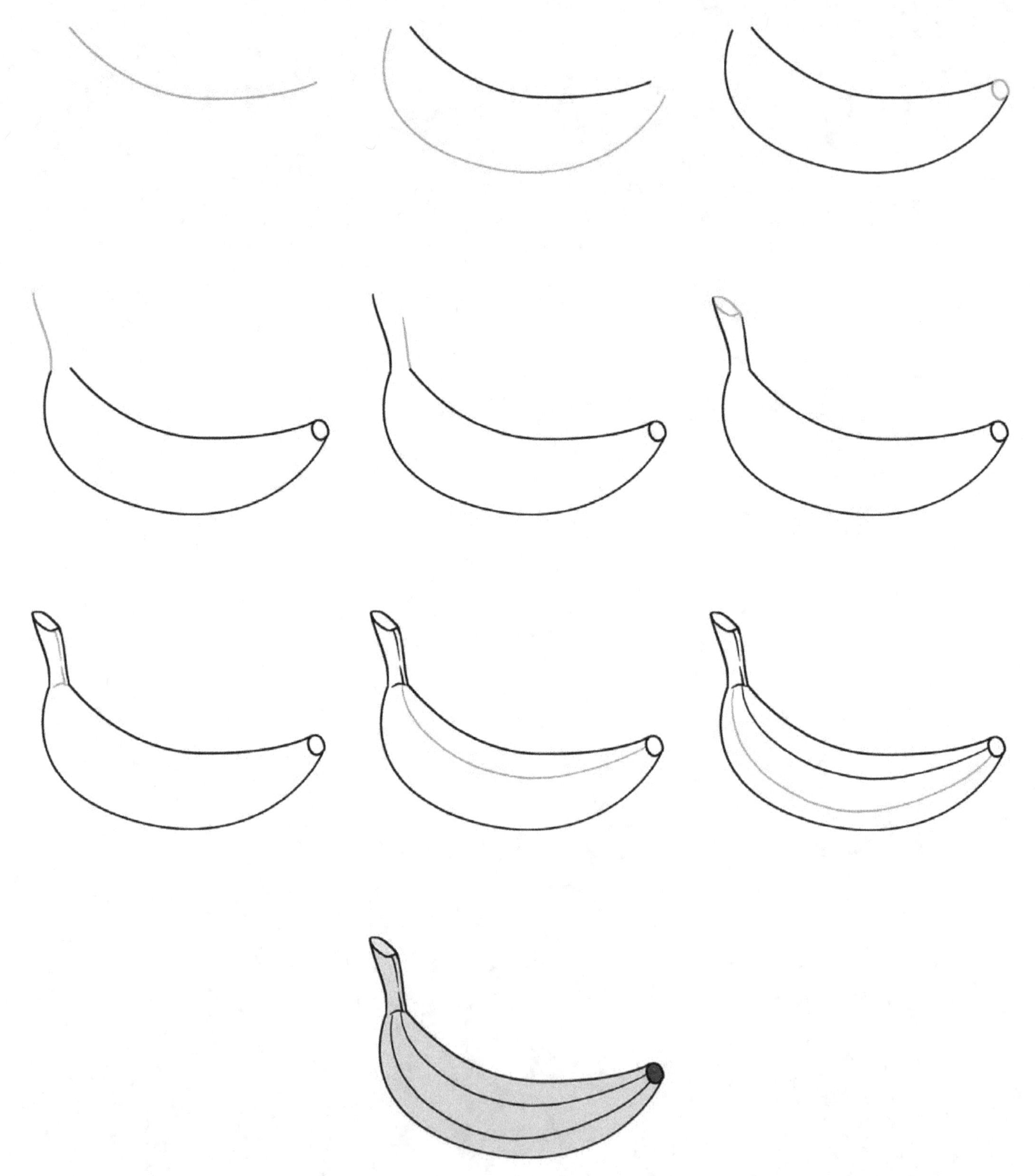

Ahora es Tu Turno!

Aprender Dibuja

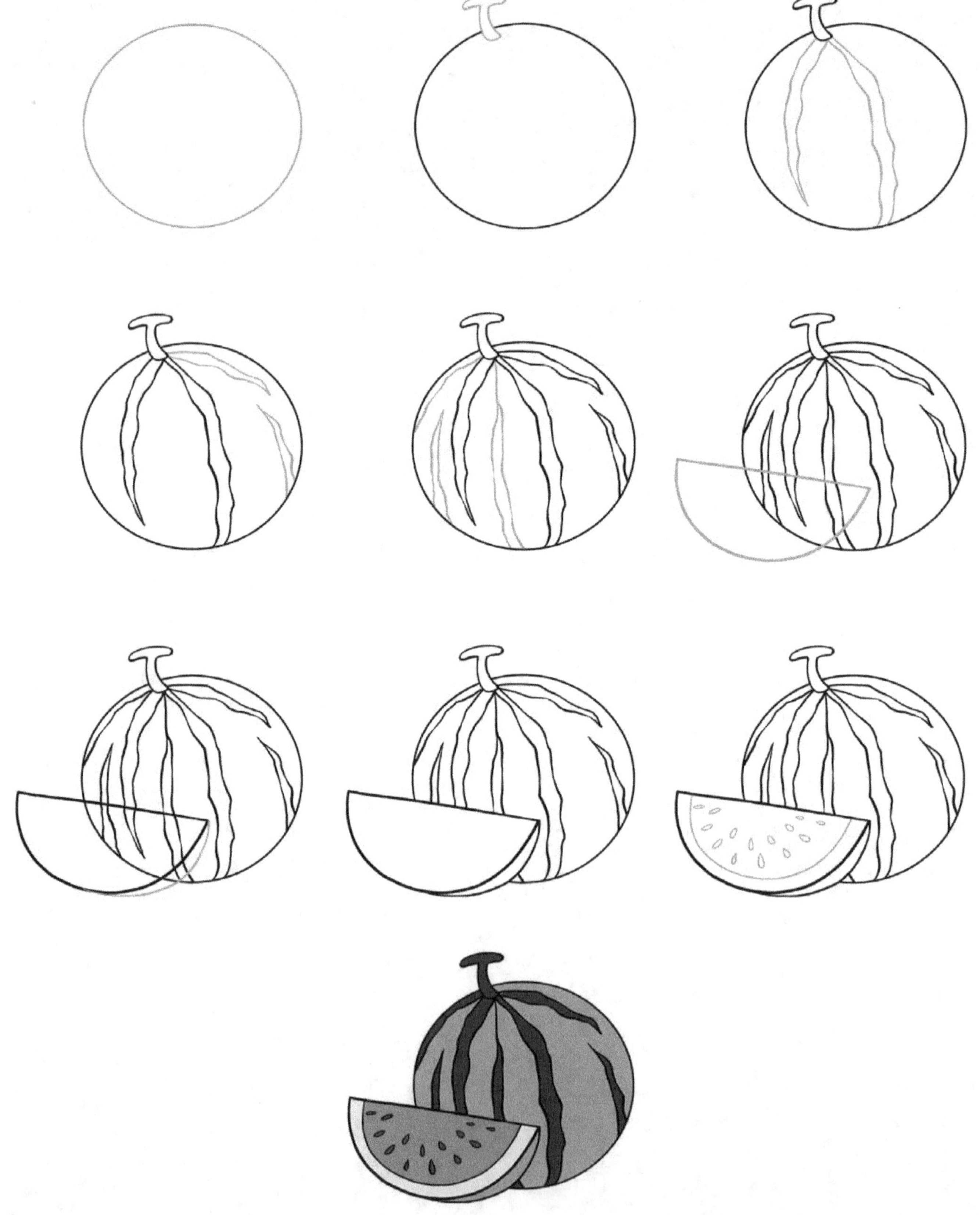

Ahora es Tu Turno!

Aprender Dibuja

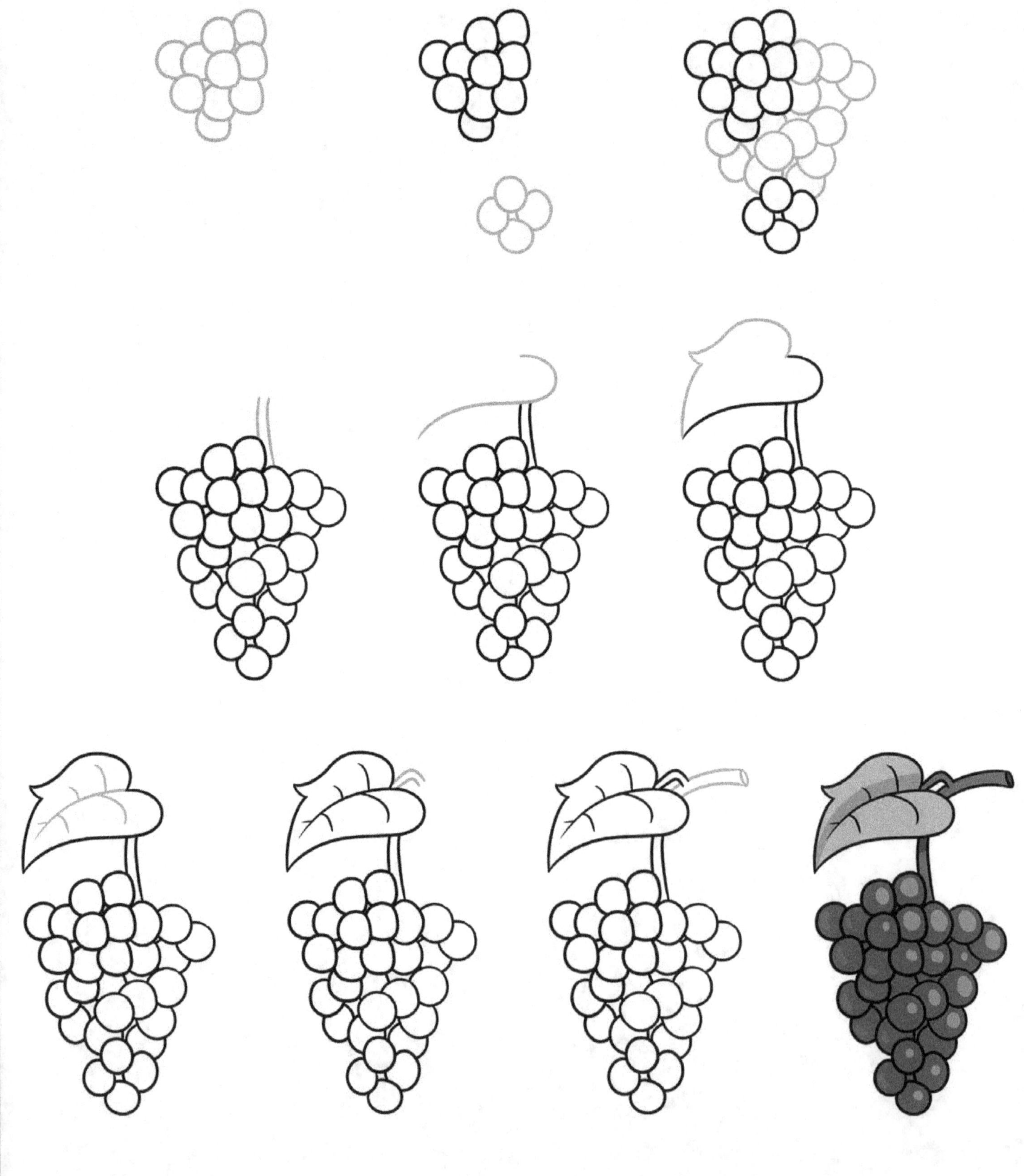

Ahora es Tu Turno!

Aprender Dibuja

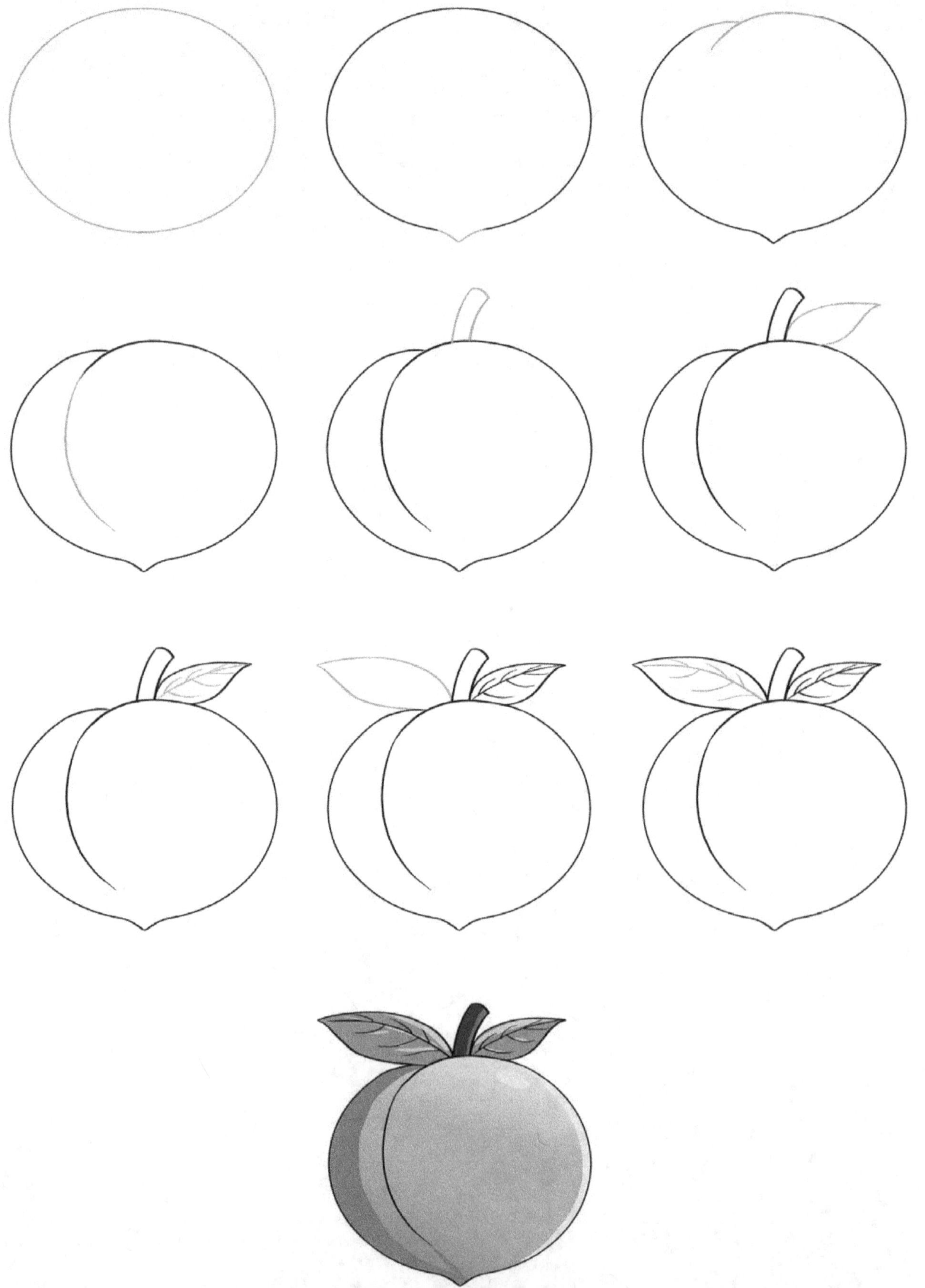

Aprender Dibuja

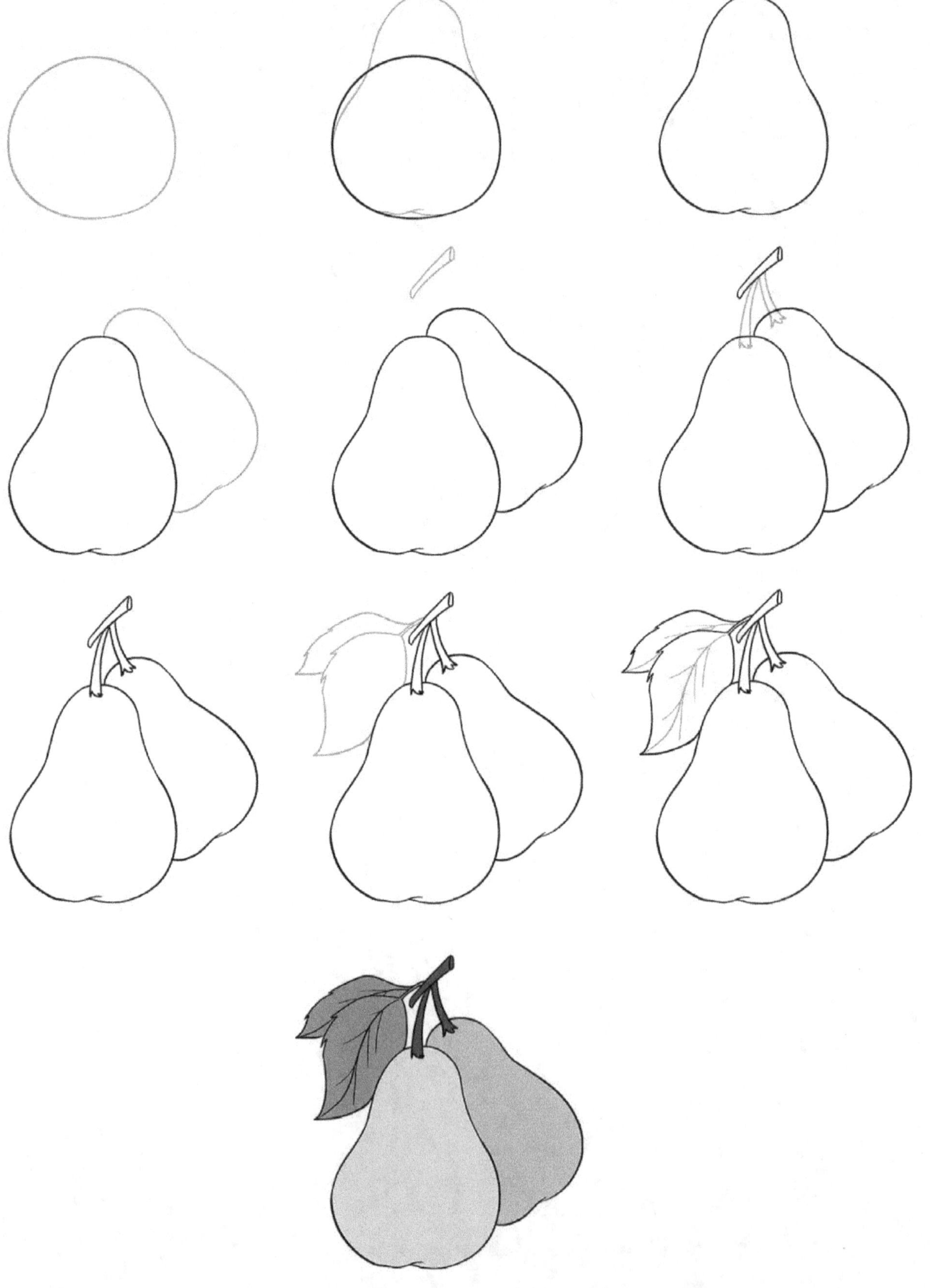

Ahora es Tu Turno!

Aprender Dibuja

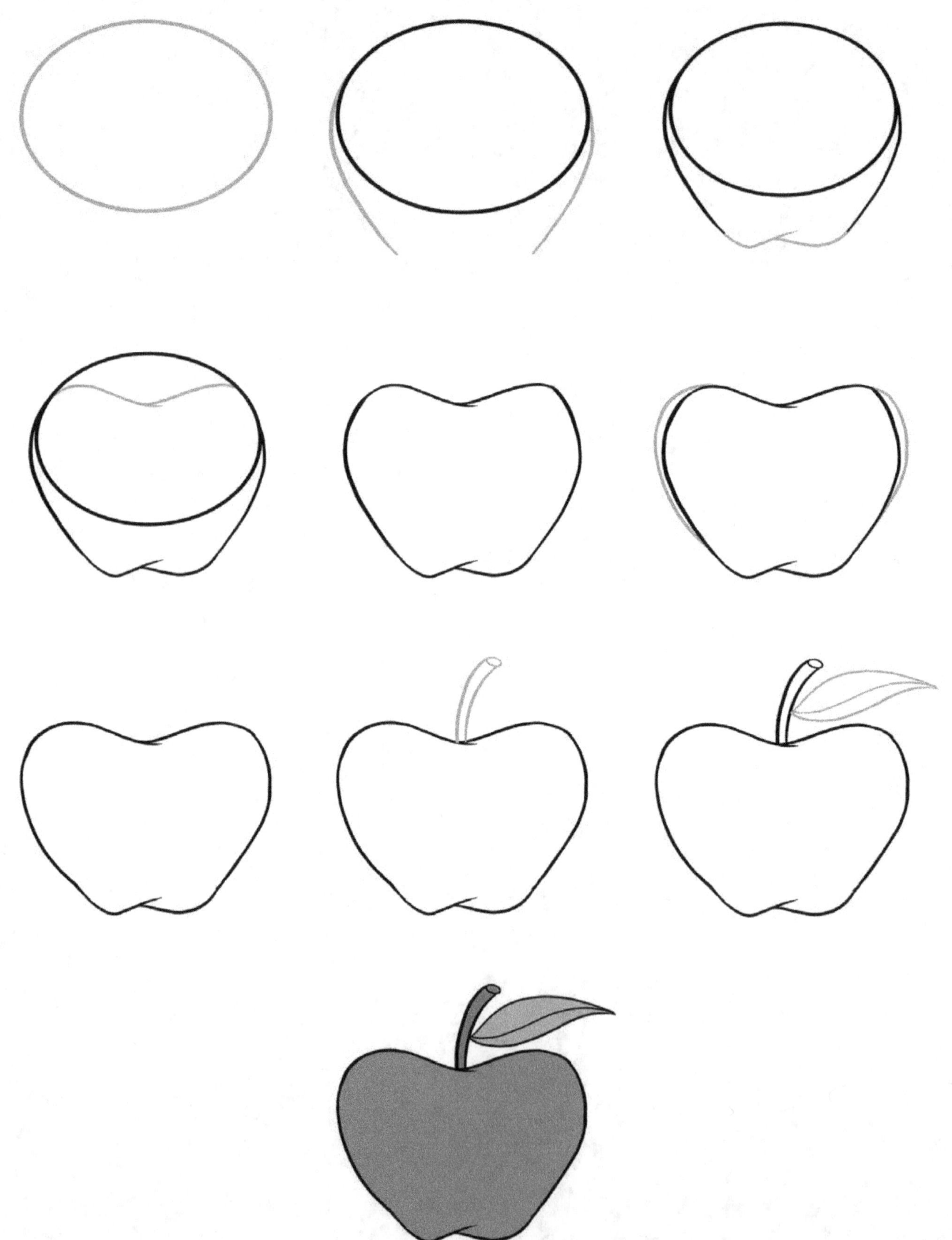

Ahora es Tu Turno!

Aprender Dibuja

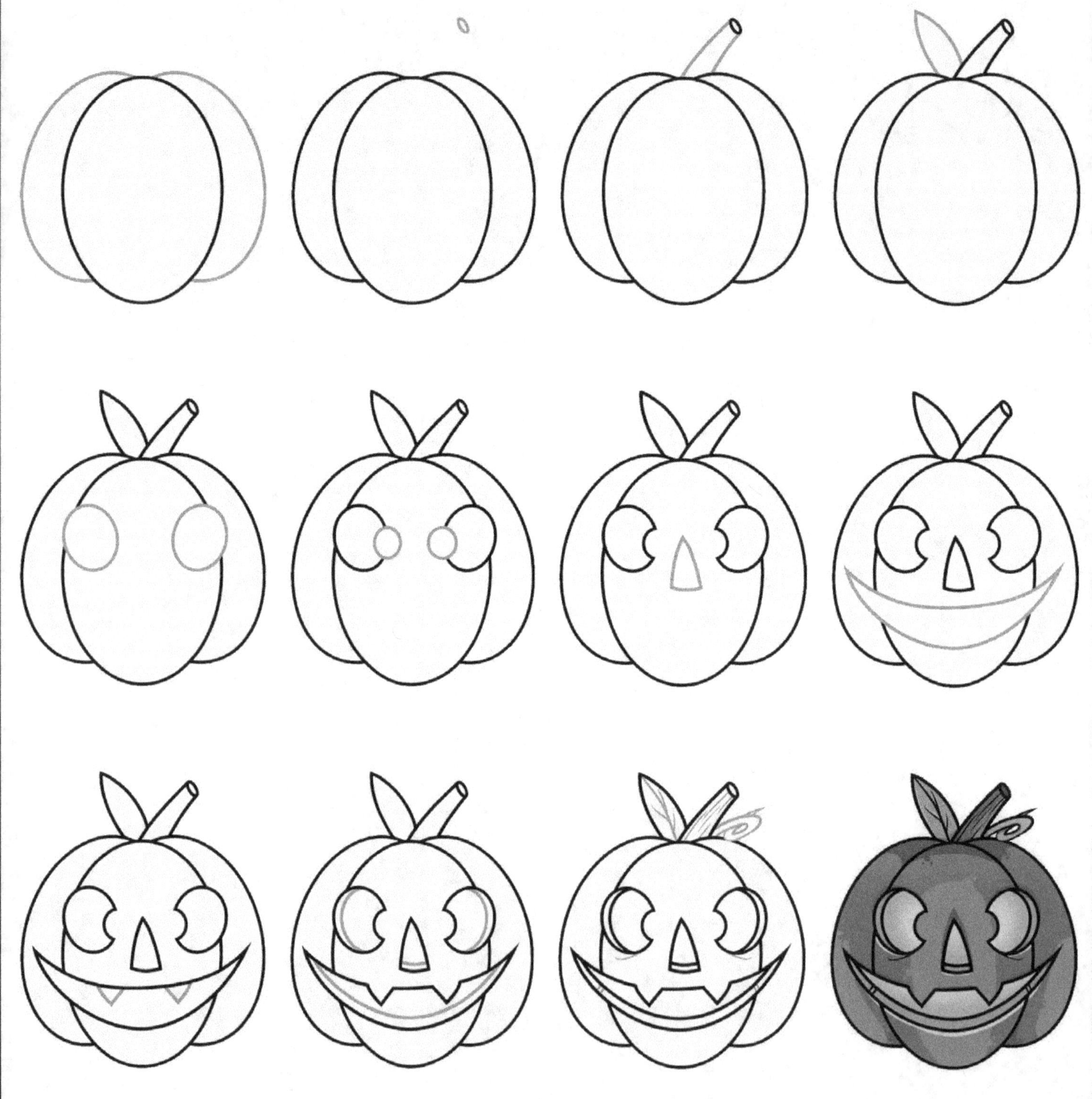

Ahora es Tu Turno!

Aprender Dibuja

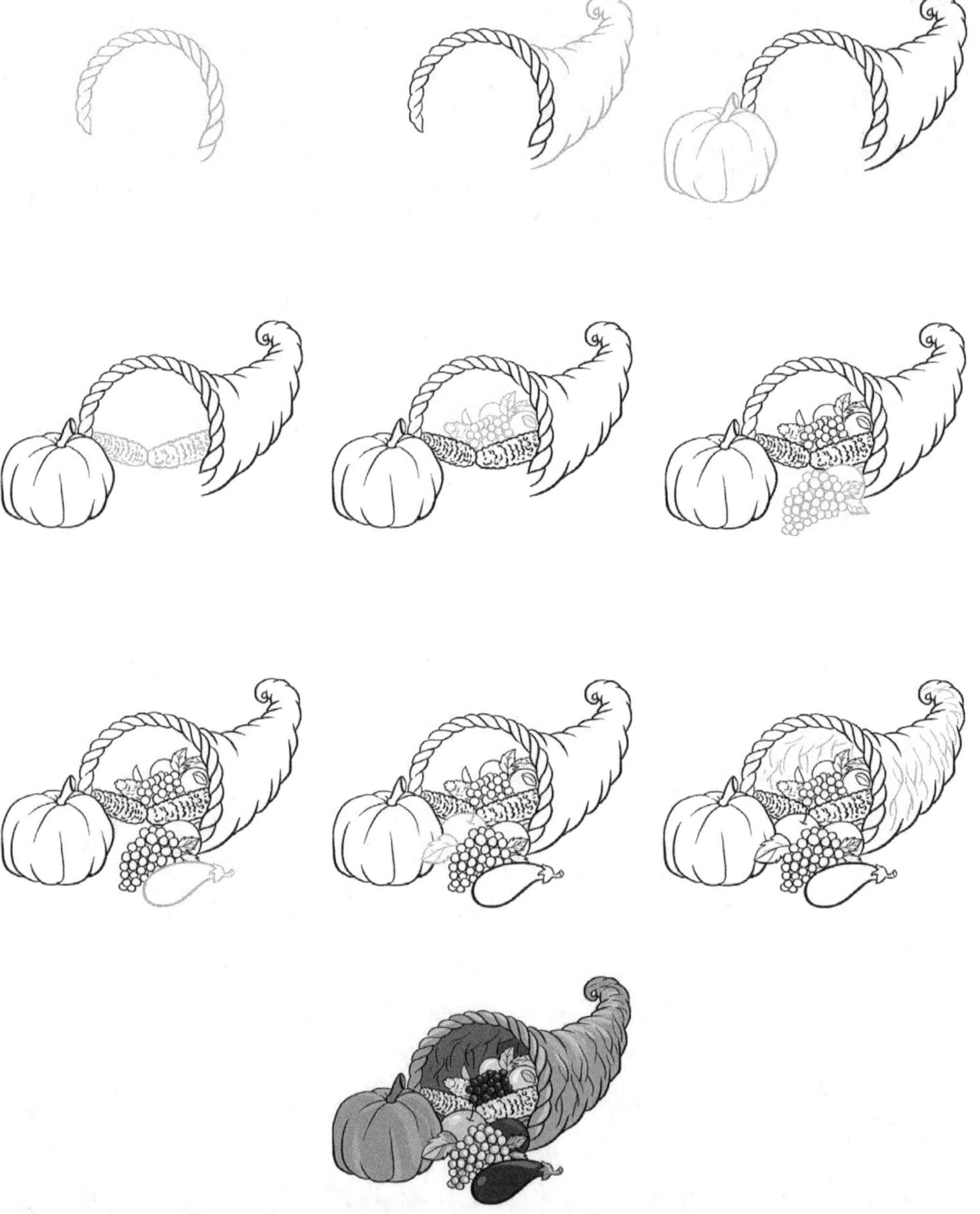

Aprender Dibuja

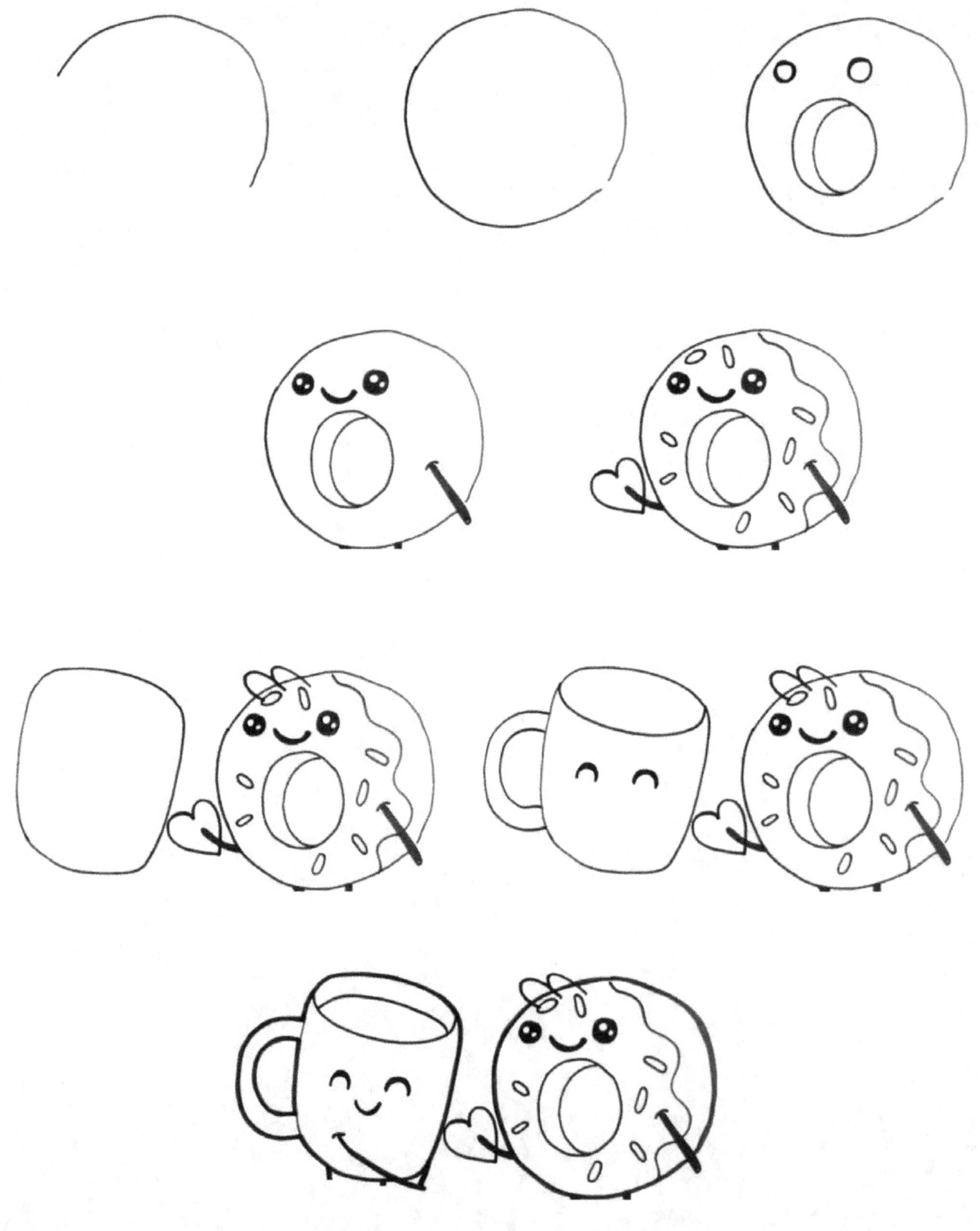

Ahora es Tu Turno!

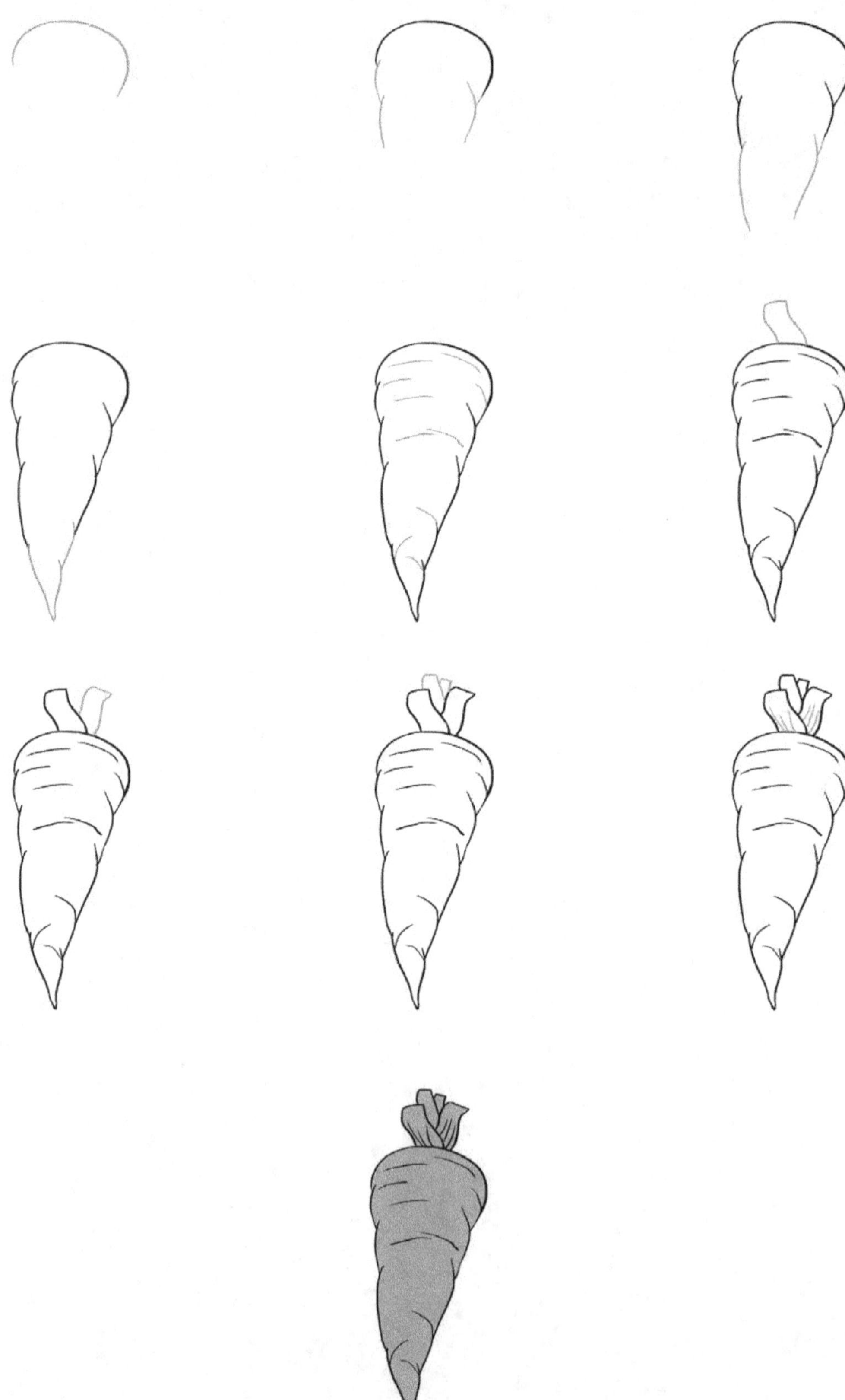

Ahora es Tu Turno!

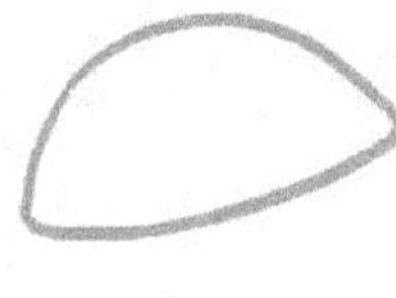
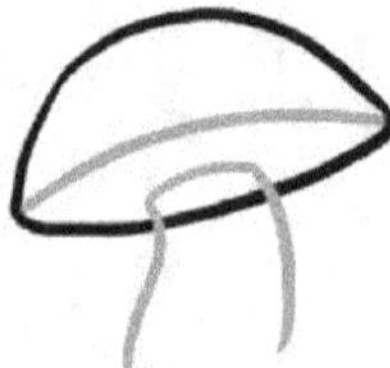
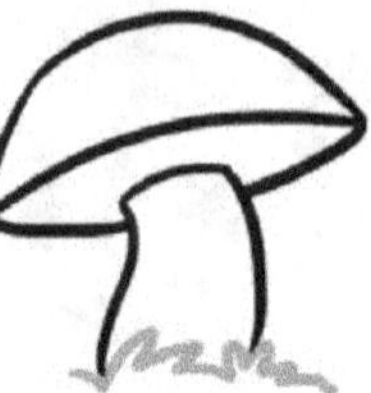
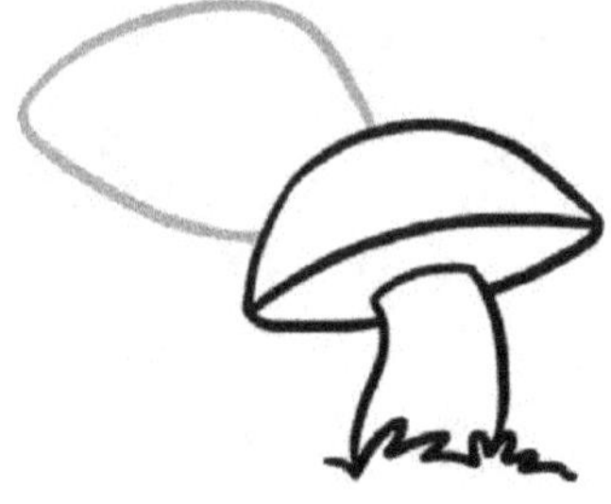
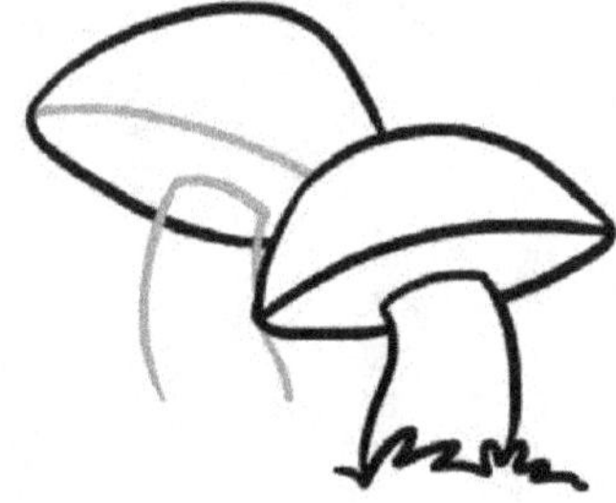
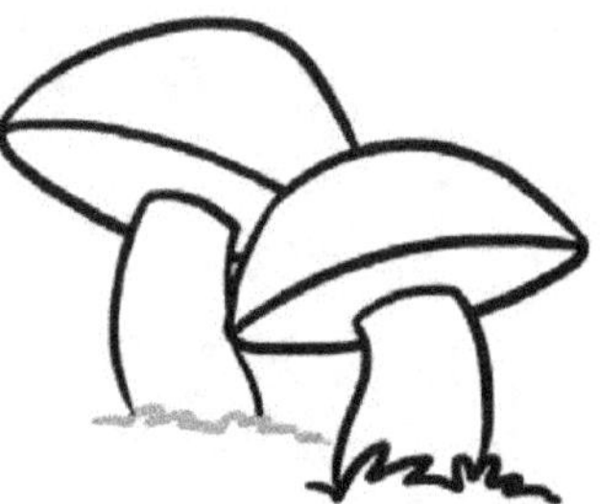
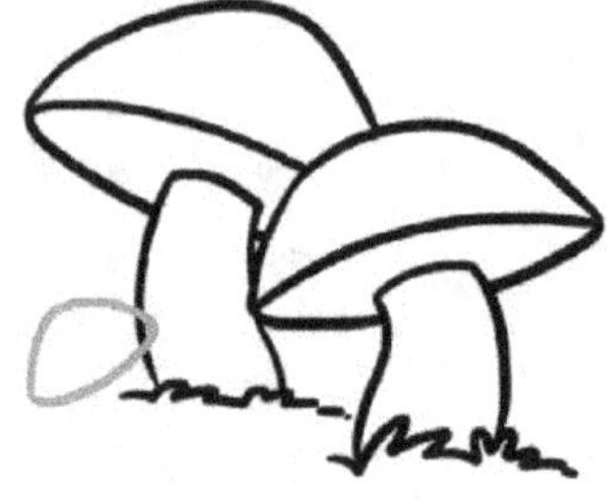
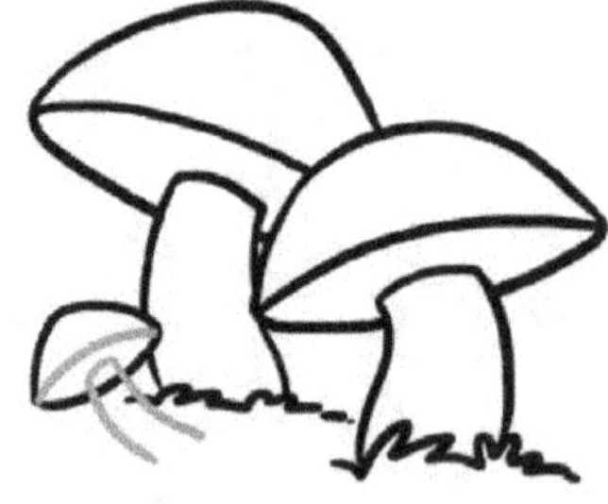
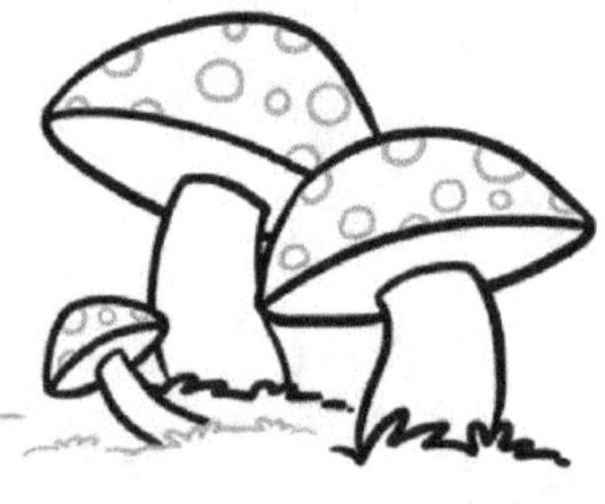
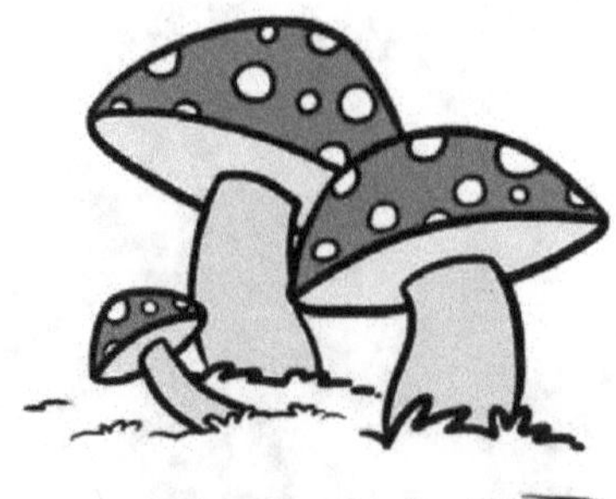

Ahora es Tu Turno!

Aprender Dibuja

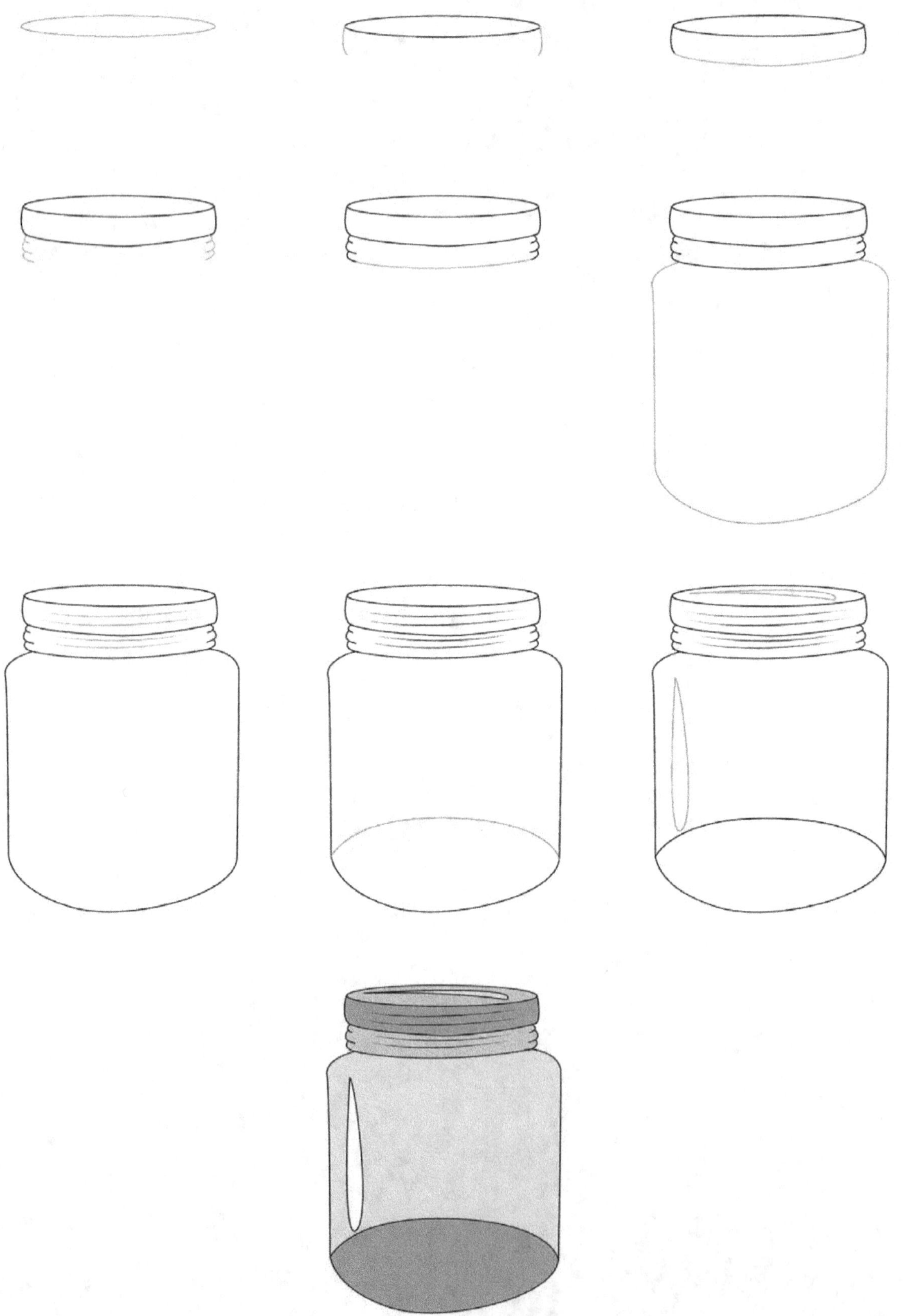

Aprender Dibuja

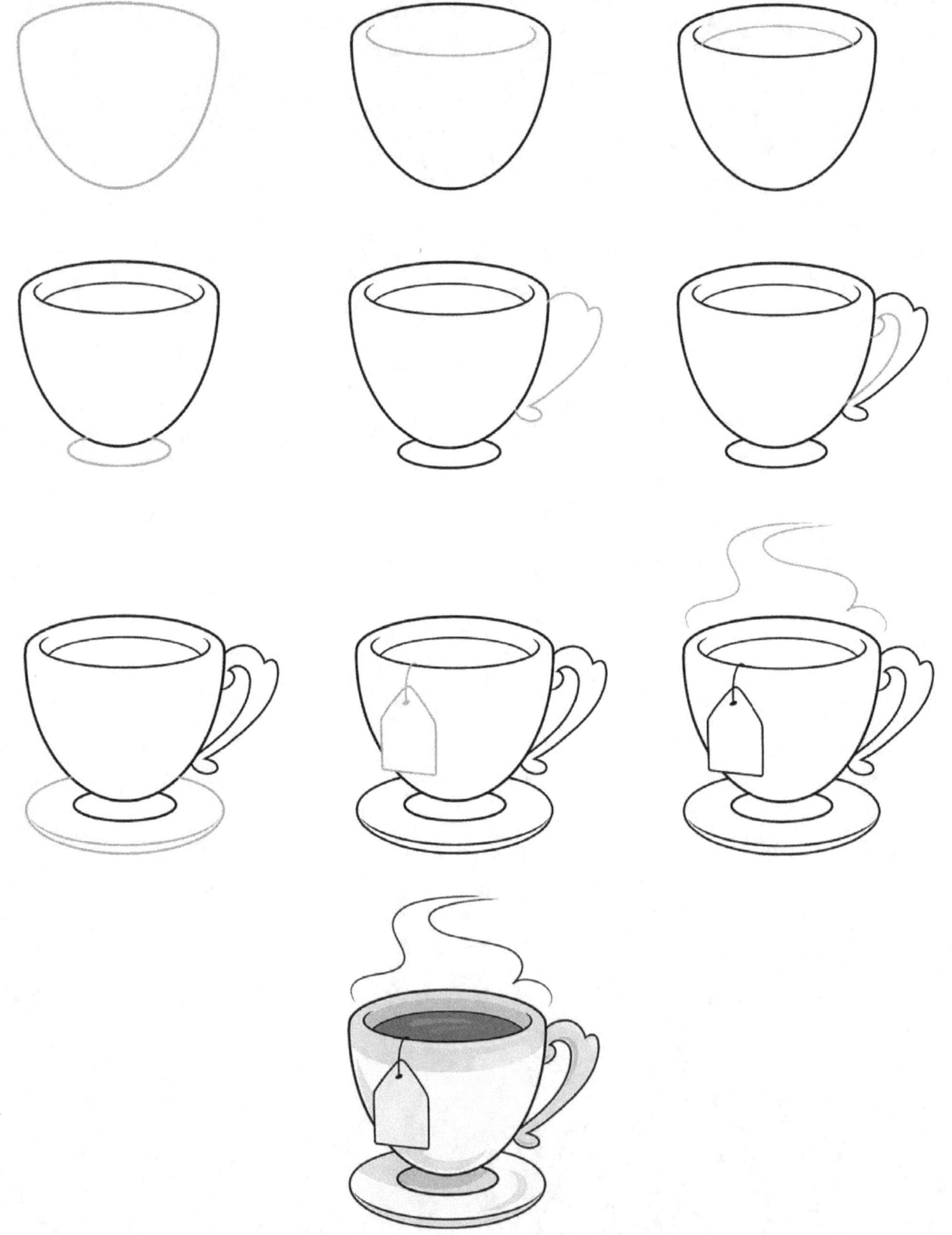

Ahora es Tu Turno!

Aprender Dibuja

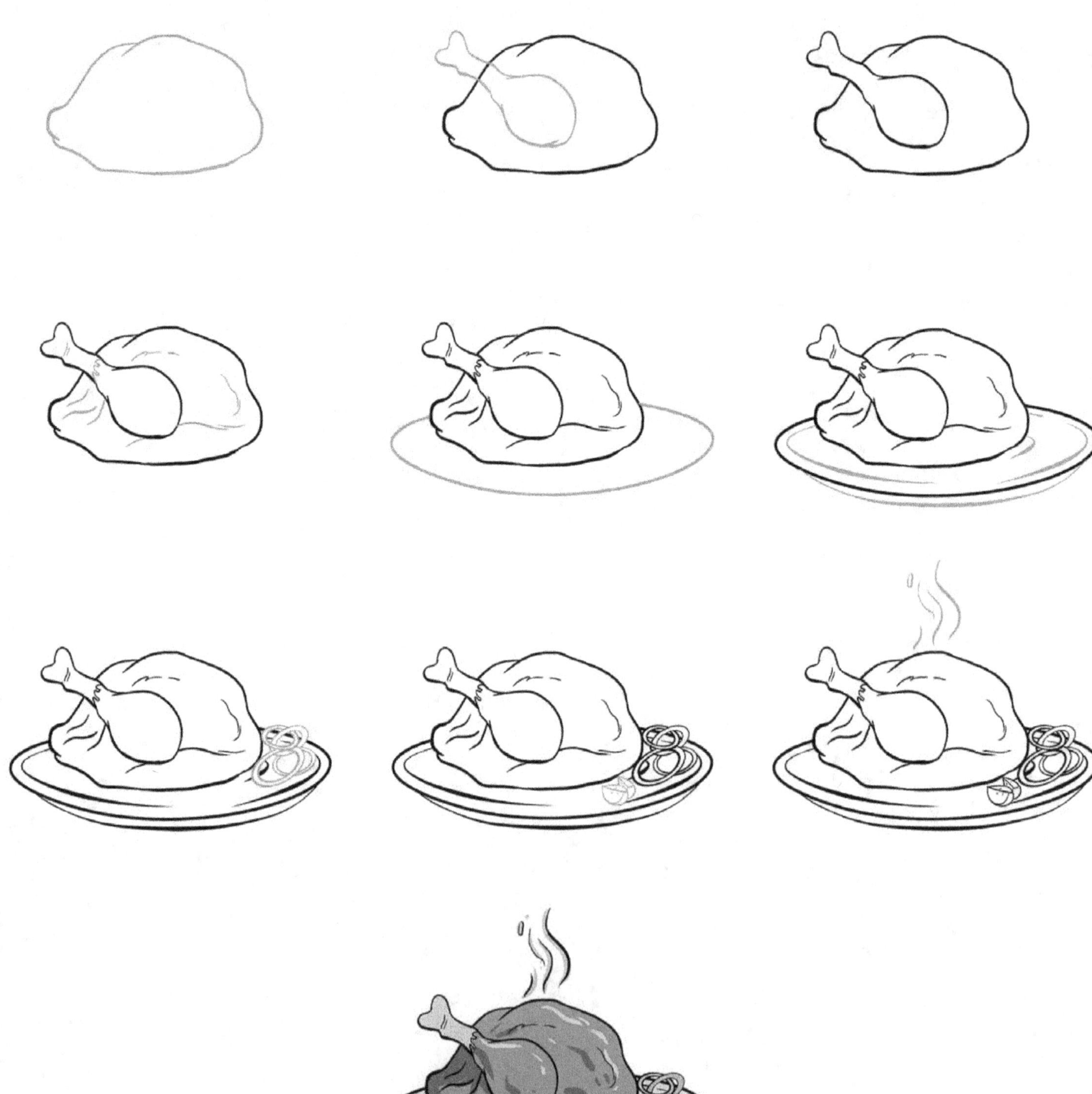

Ahora es Tu Turno!

Aprender Dibuja

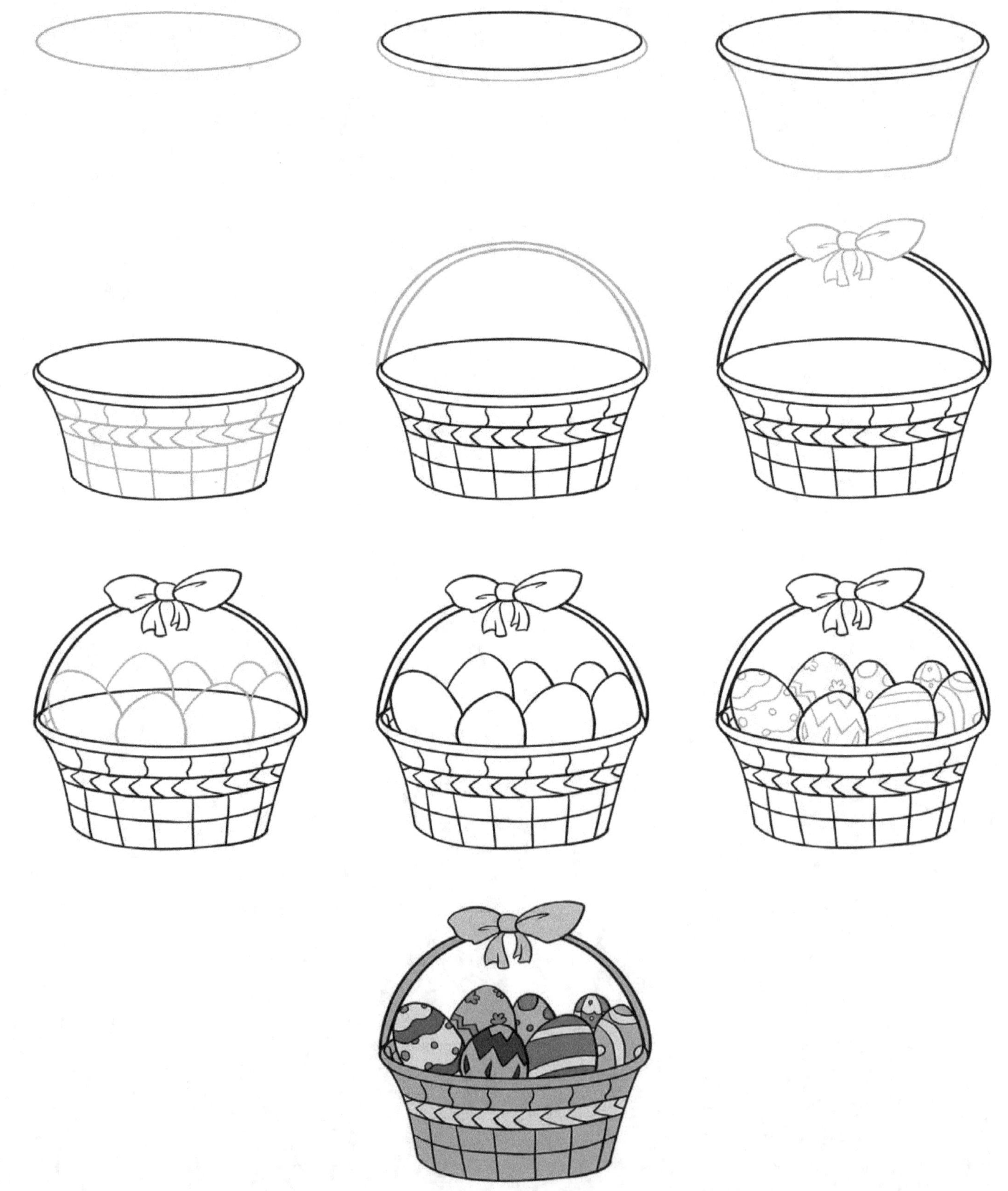

Aprender Dibuja

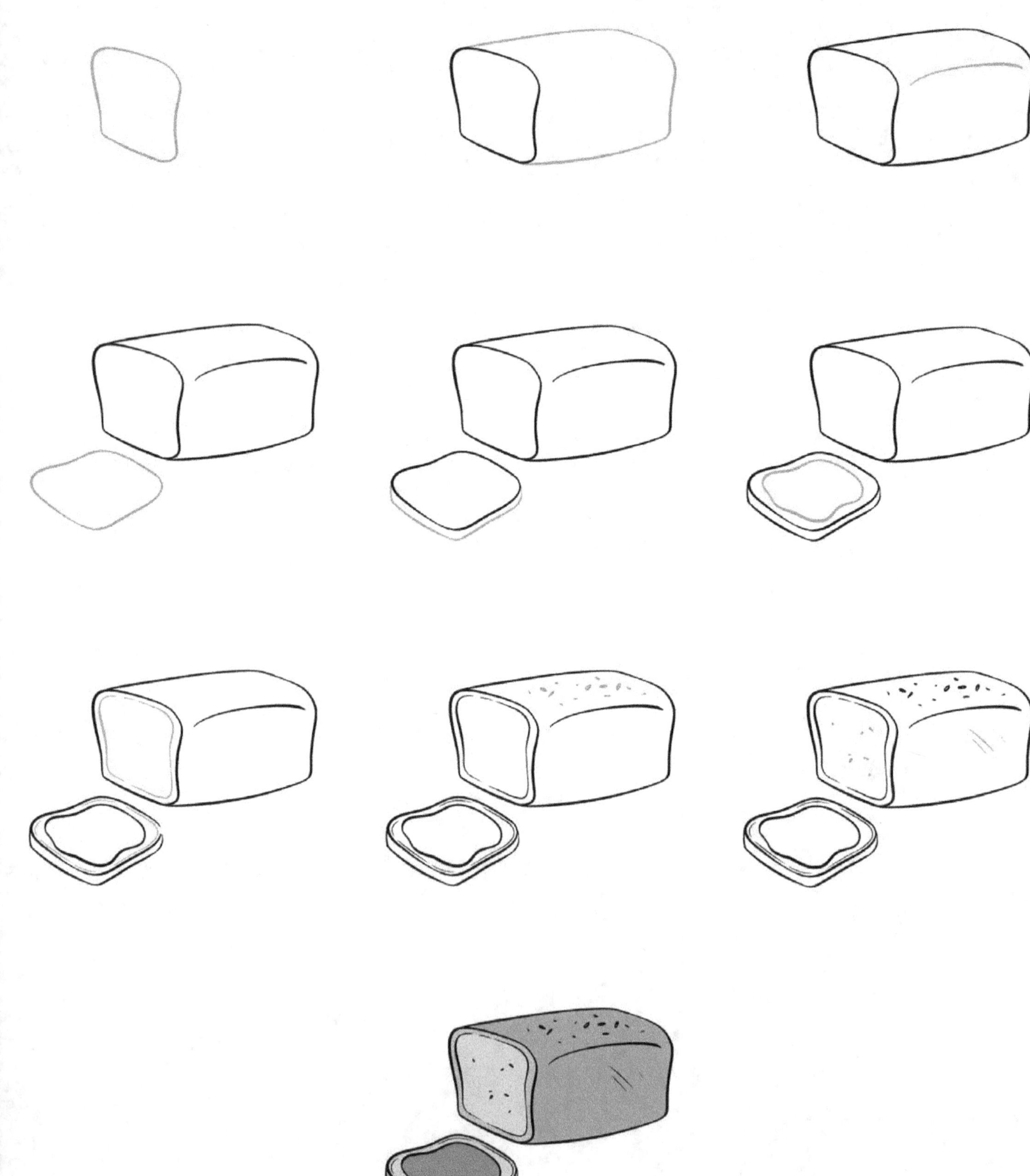

Ahora es Tu Turno!

Aprender Dibuja

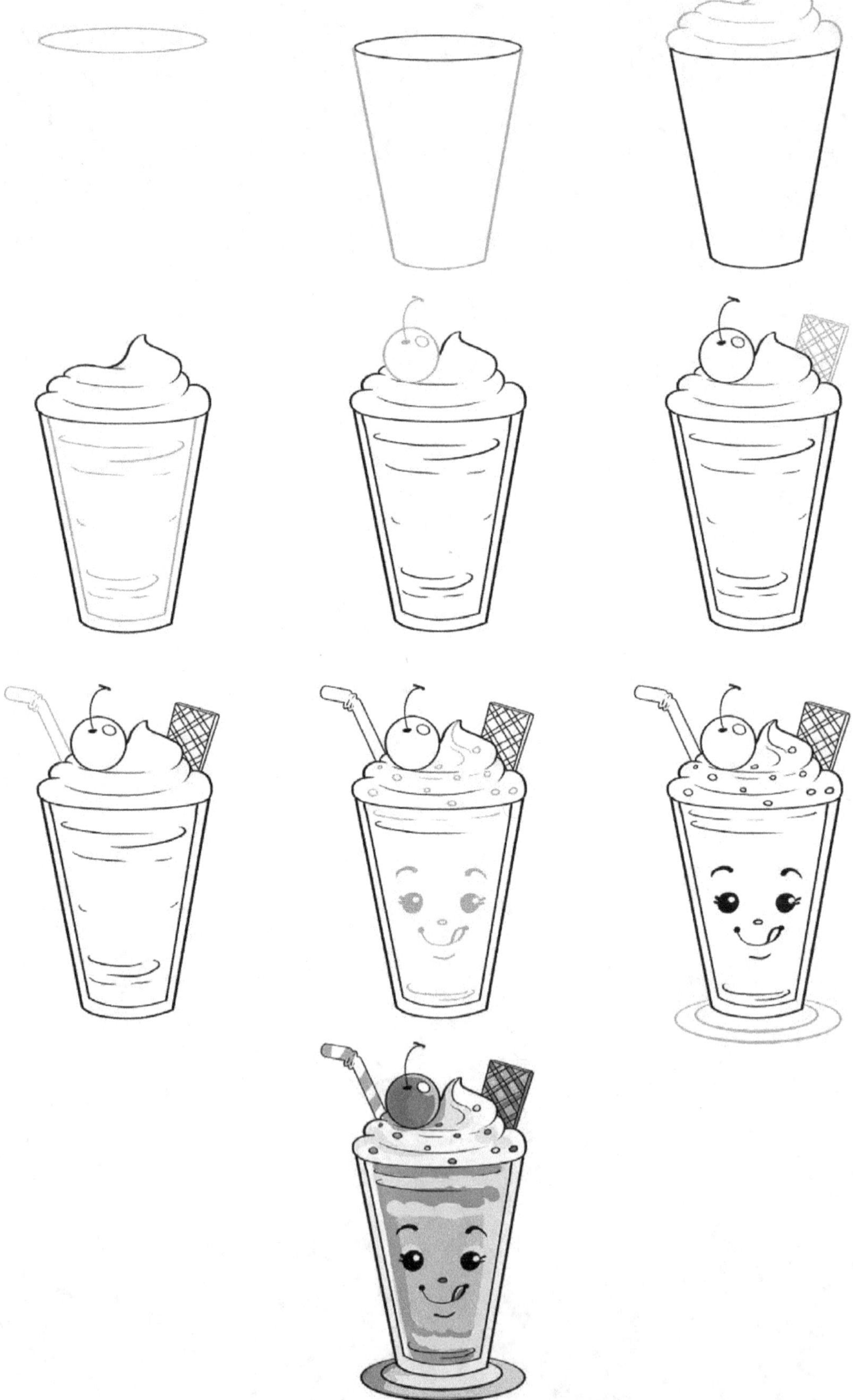

Ahora es Tu Turno!

Aprender Dibuja

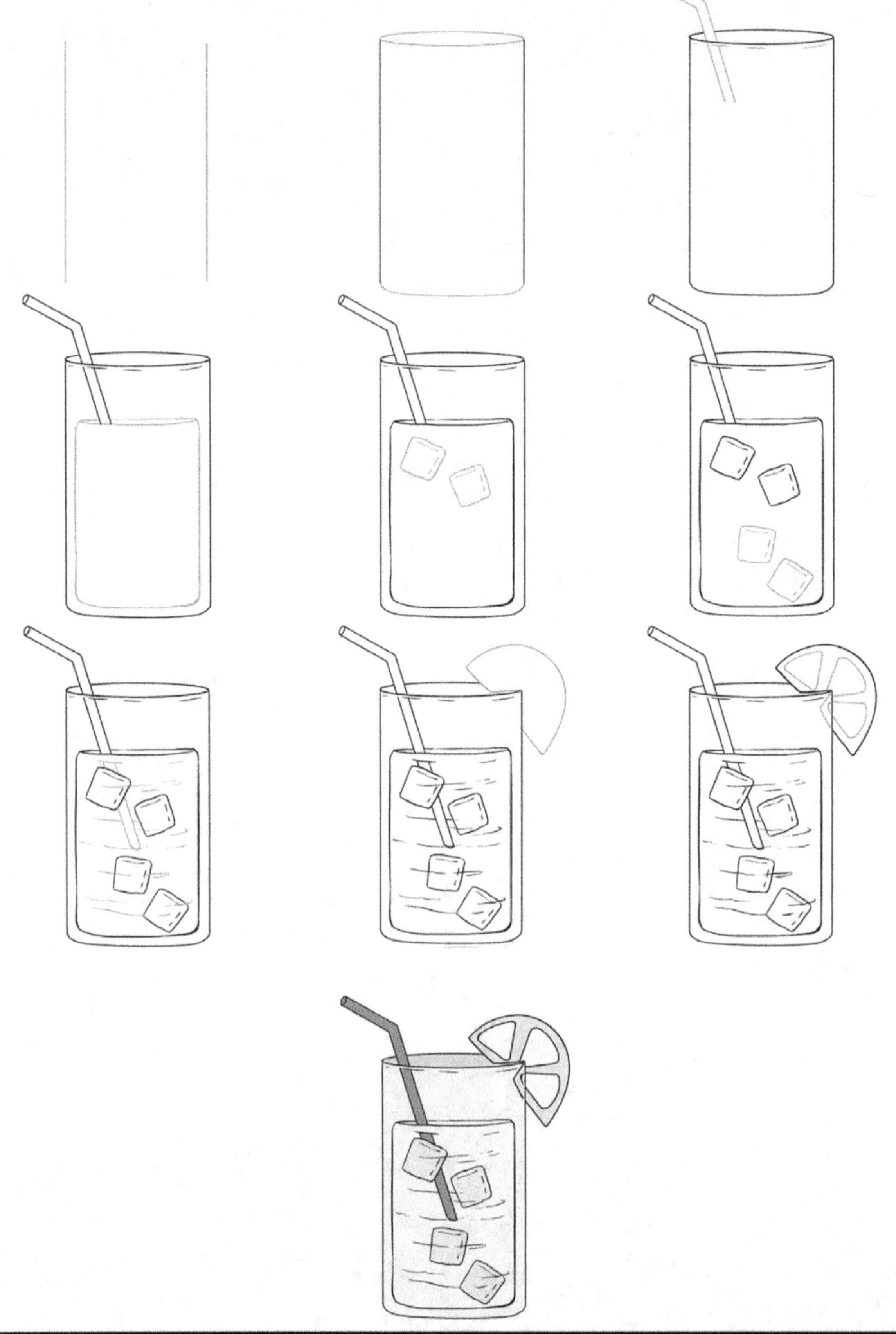

Ahora es Tu Turno!

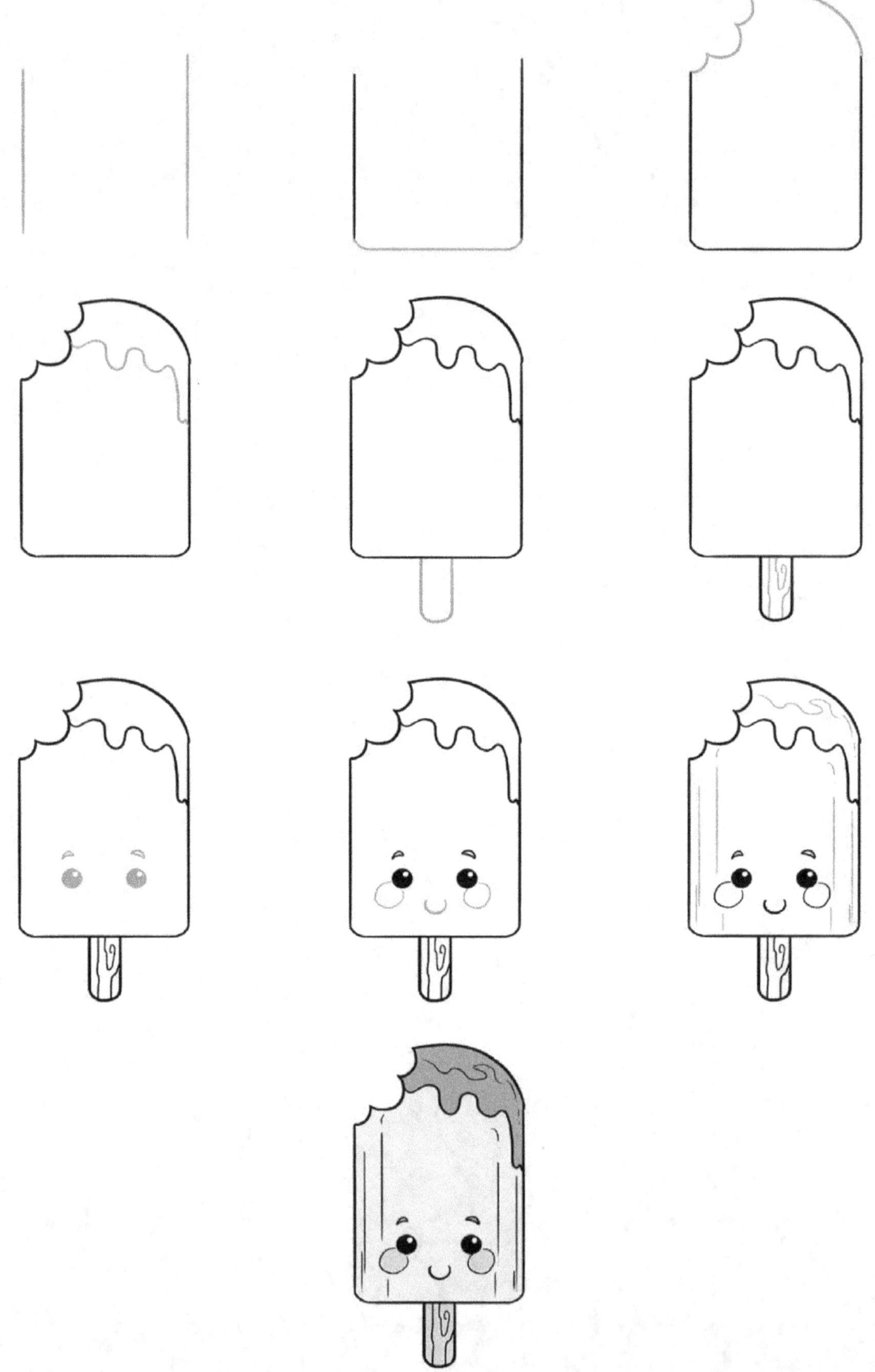

¡Ahora es Tu Turno!

Aprender Dibuja

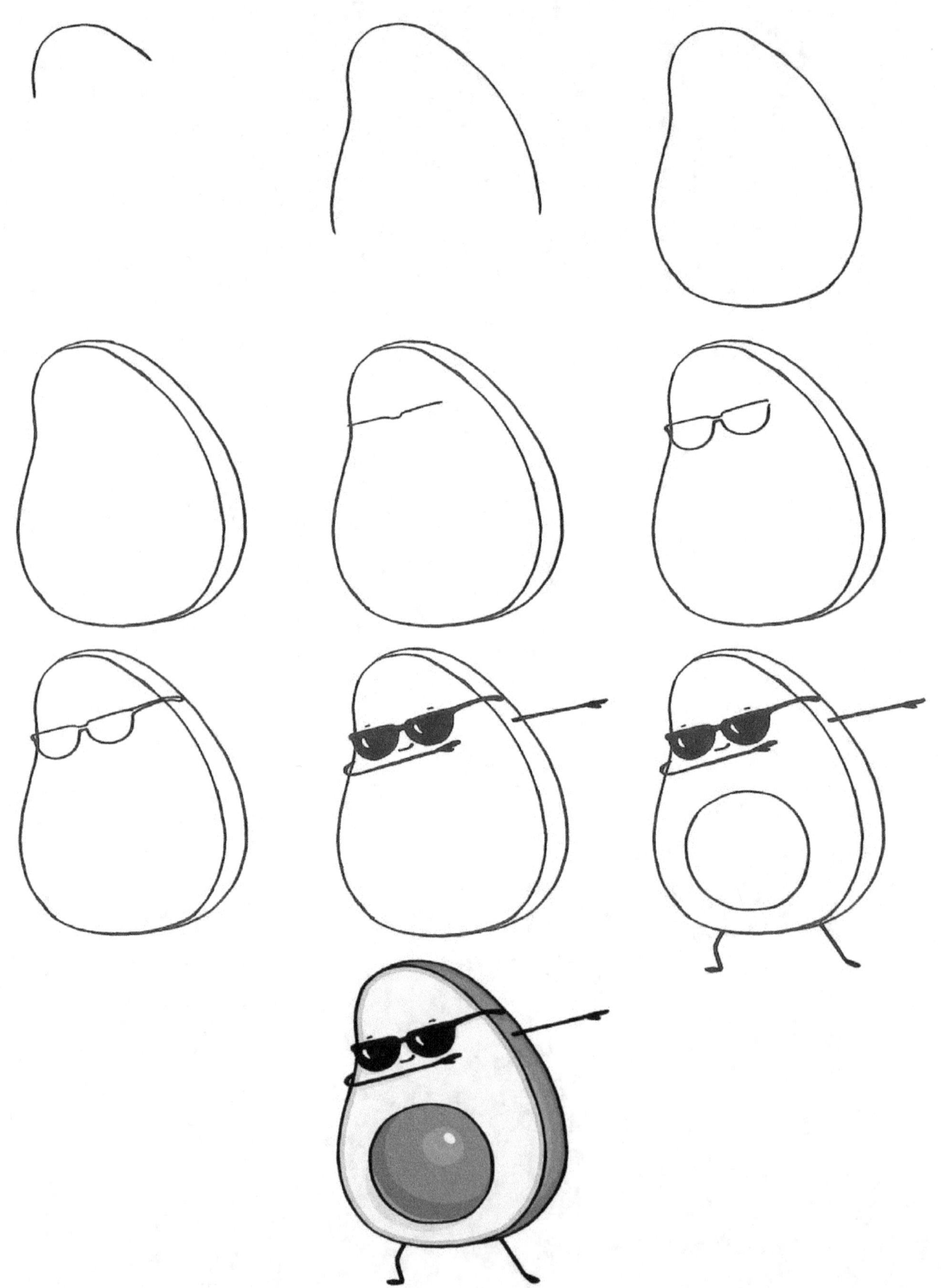

¡Ahora es Tu Turno!

Aprender Dibuja

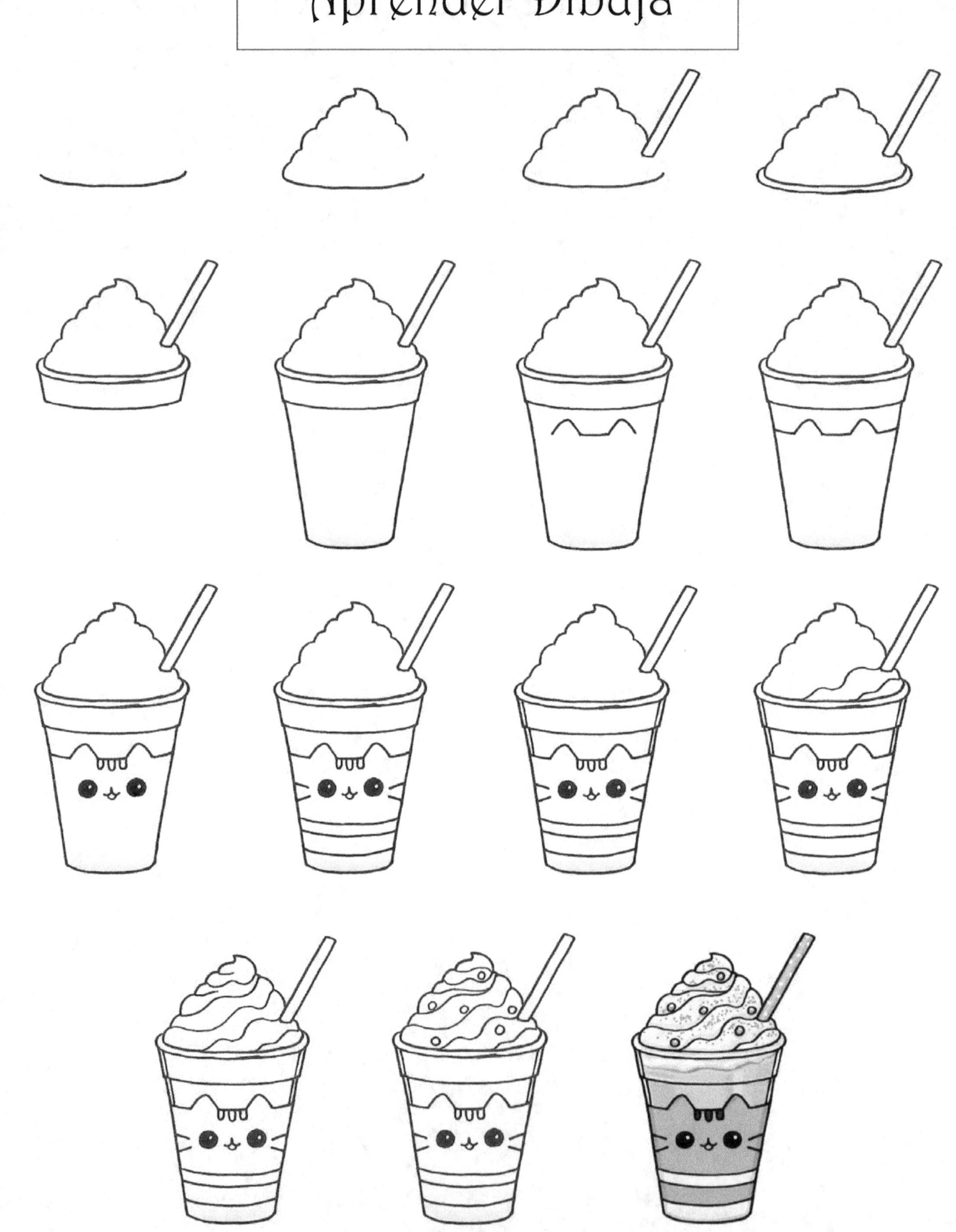

Ahora es Tu Turno!

Aprender Dibuja

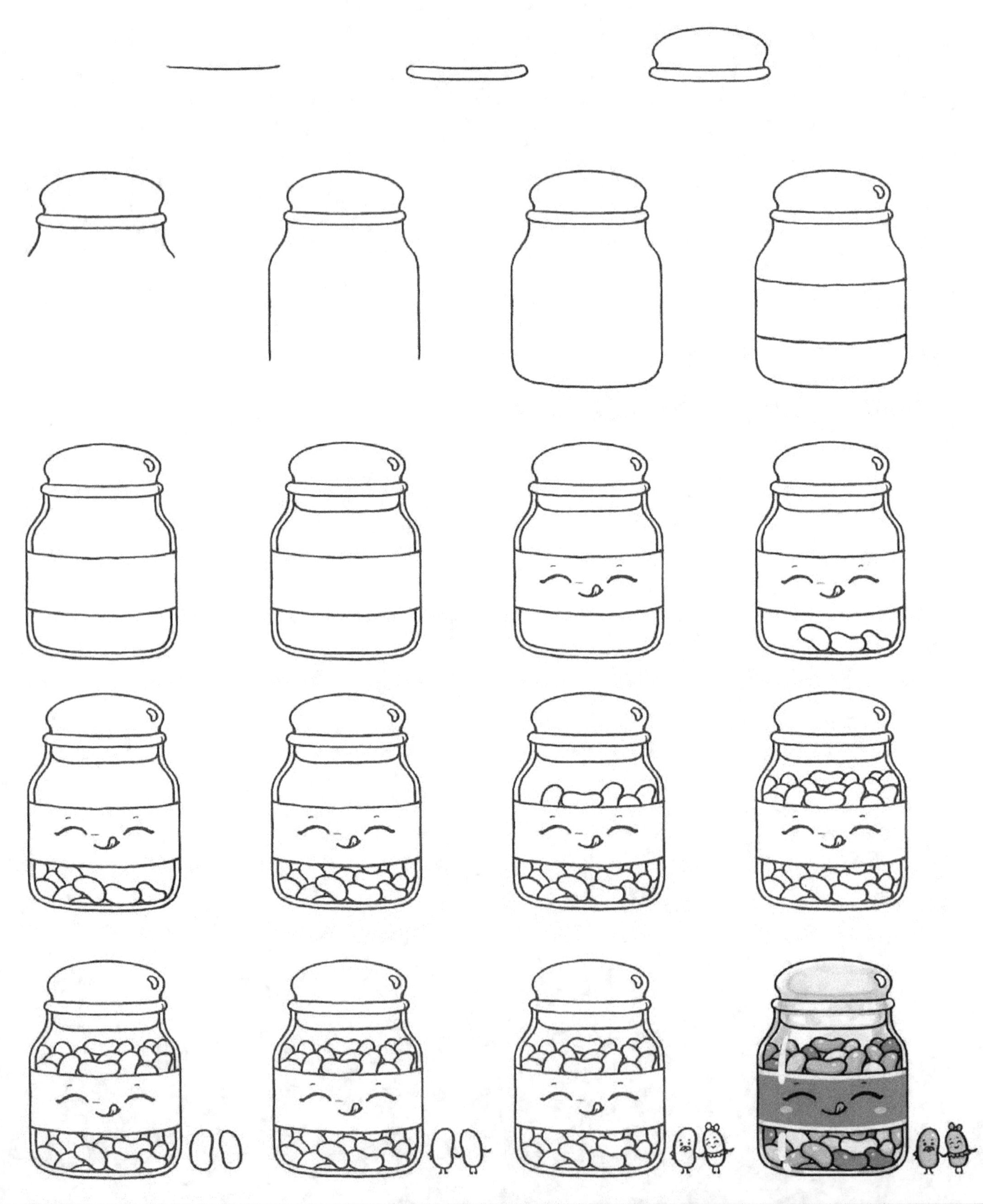

Ahora es Tu Turno!

Aprender Dibuja

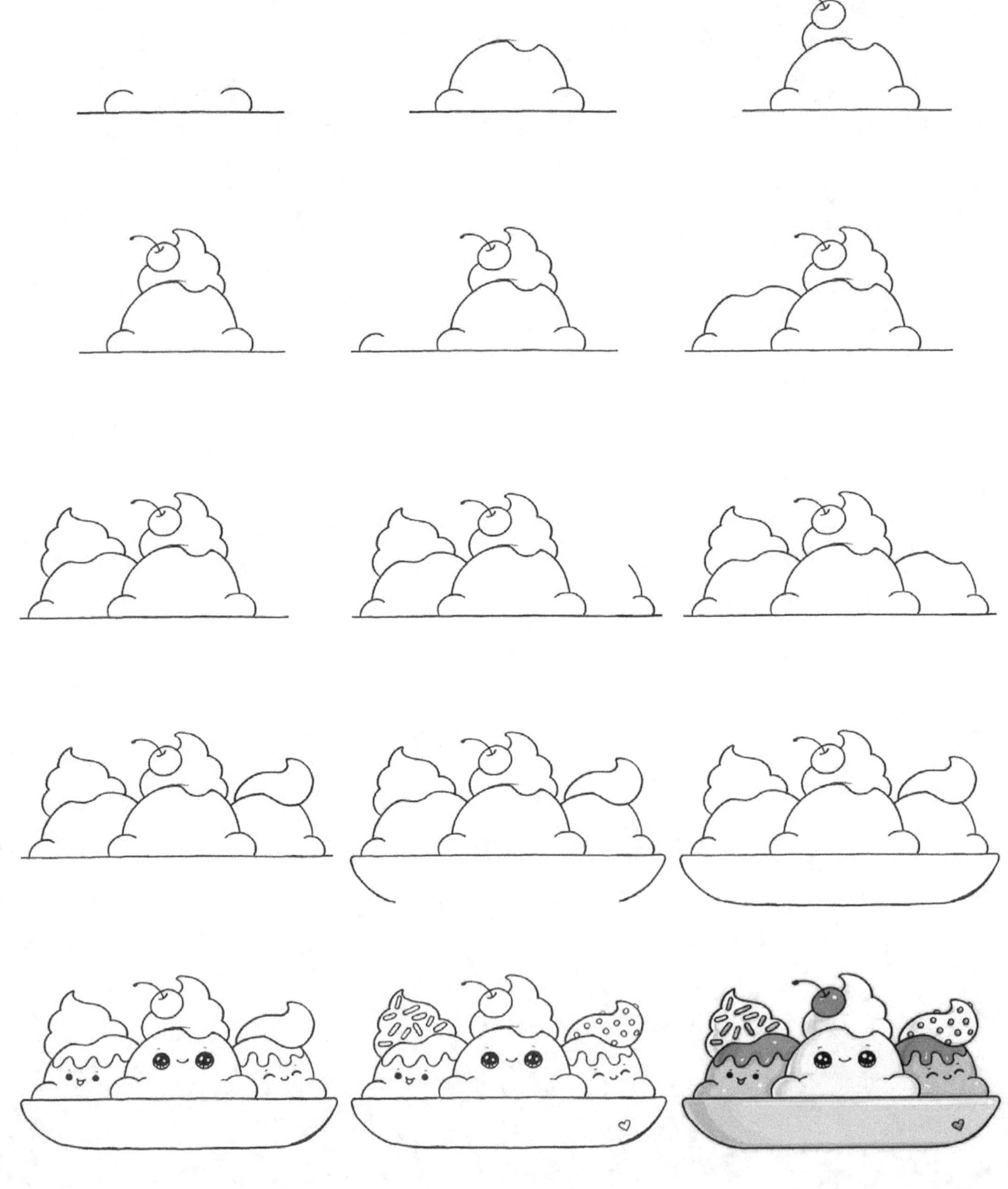

Ahora es Tu Turno!

Aprender Dibuja

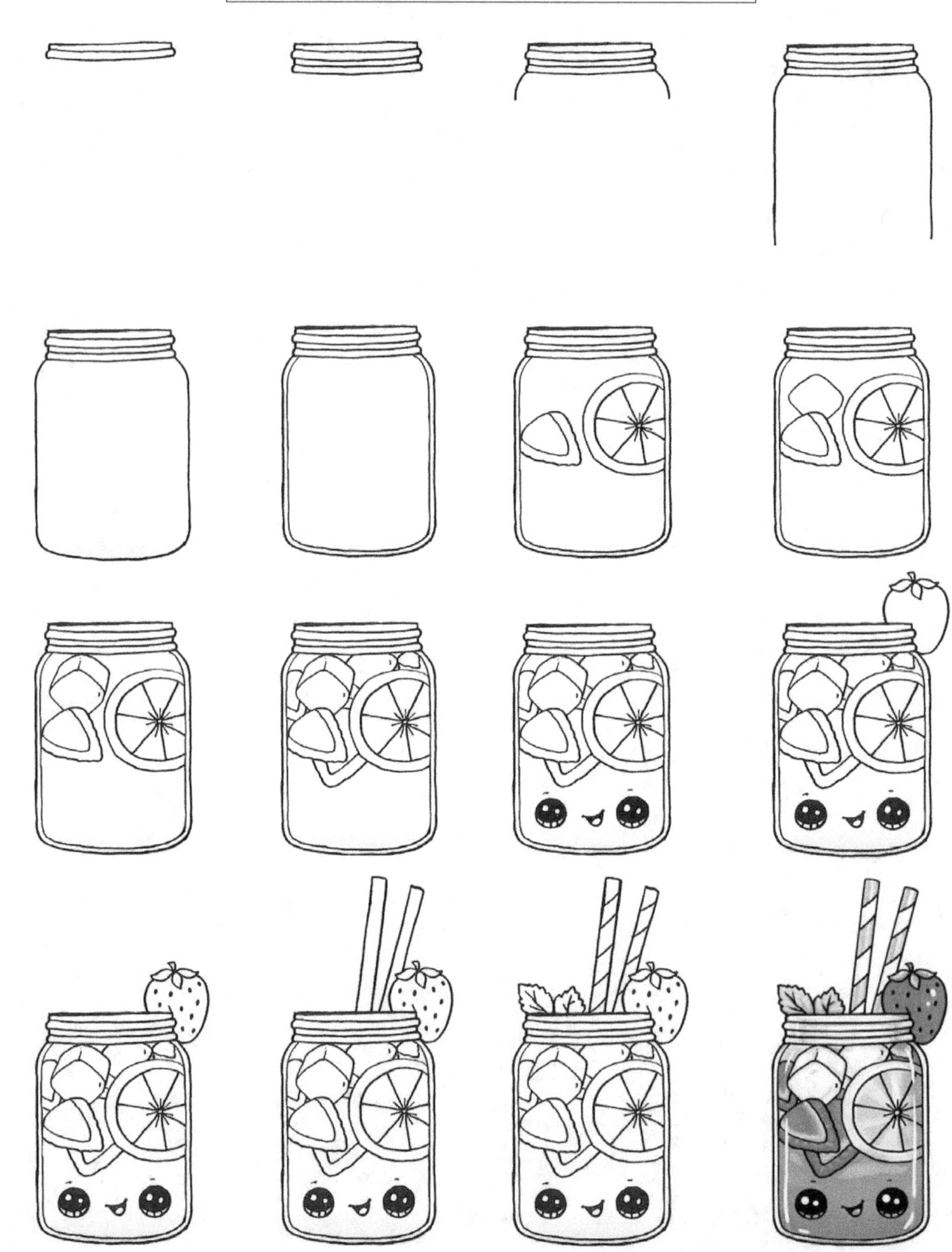

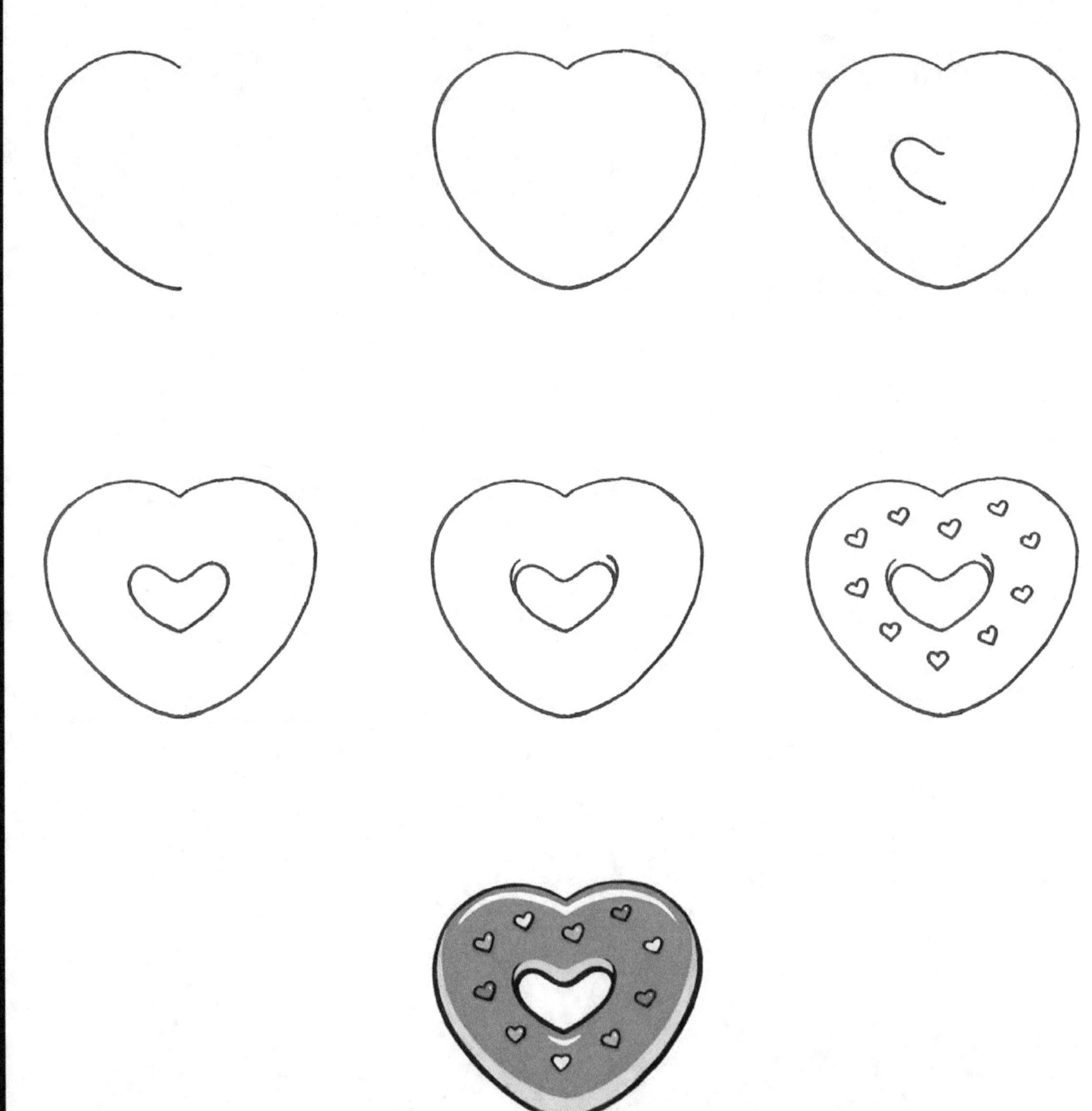

Ahora es Tu Turno!

Aprender Dibuja

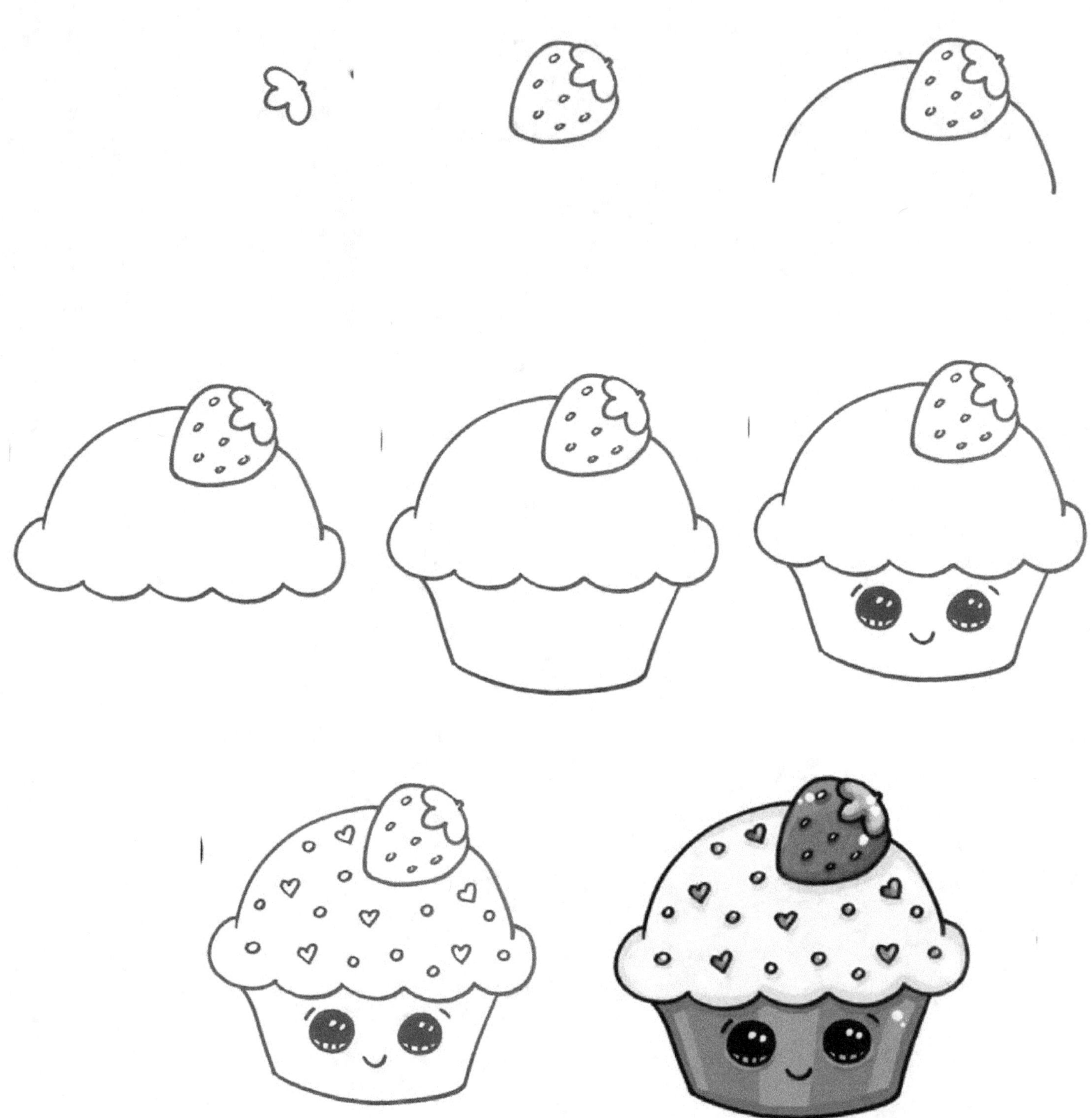

Ahora es Tu Turno!

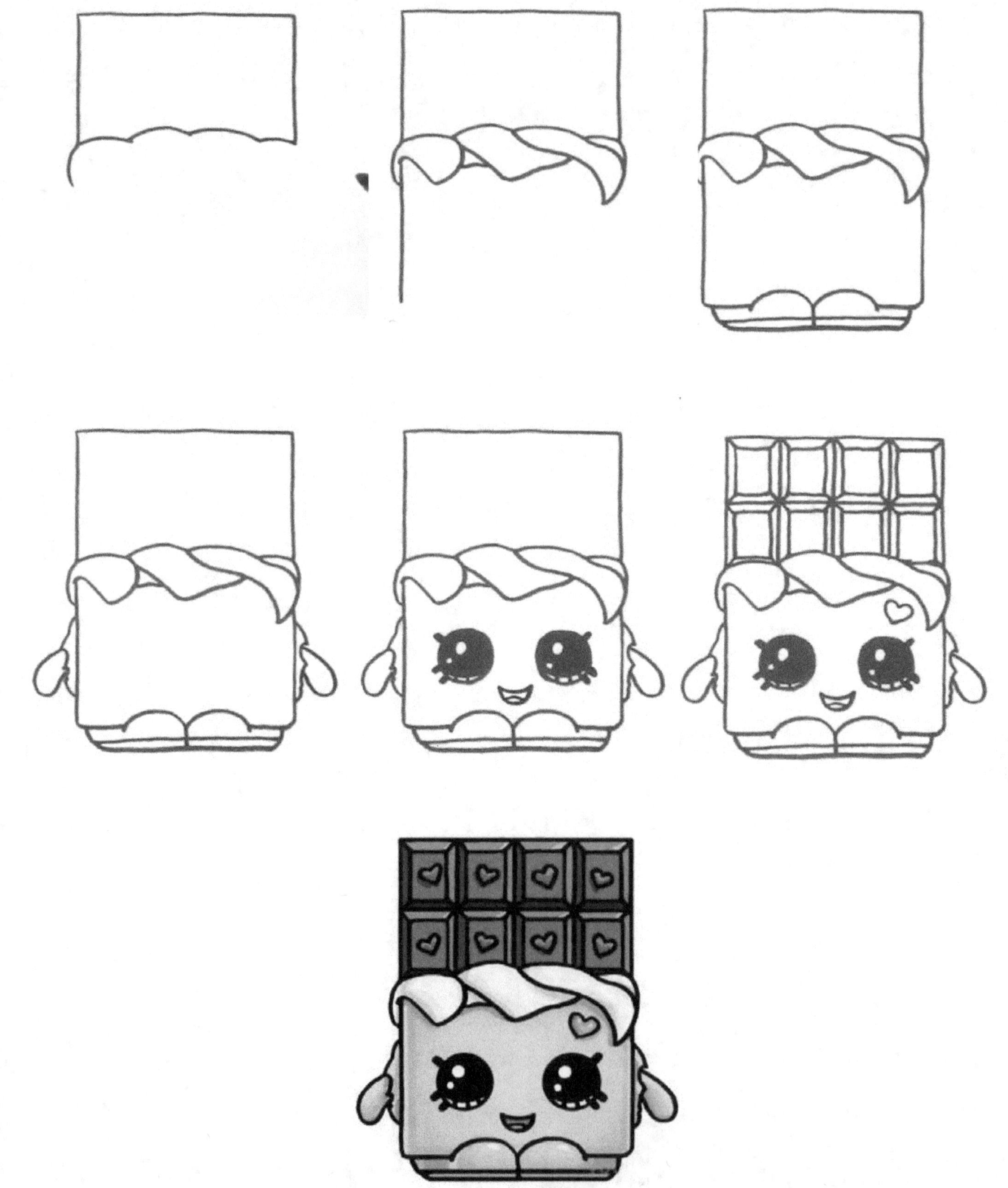

Ahora es Tu Turno!

Aprender Dibuja

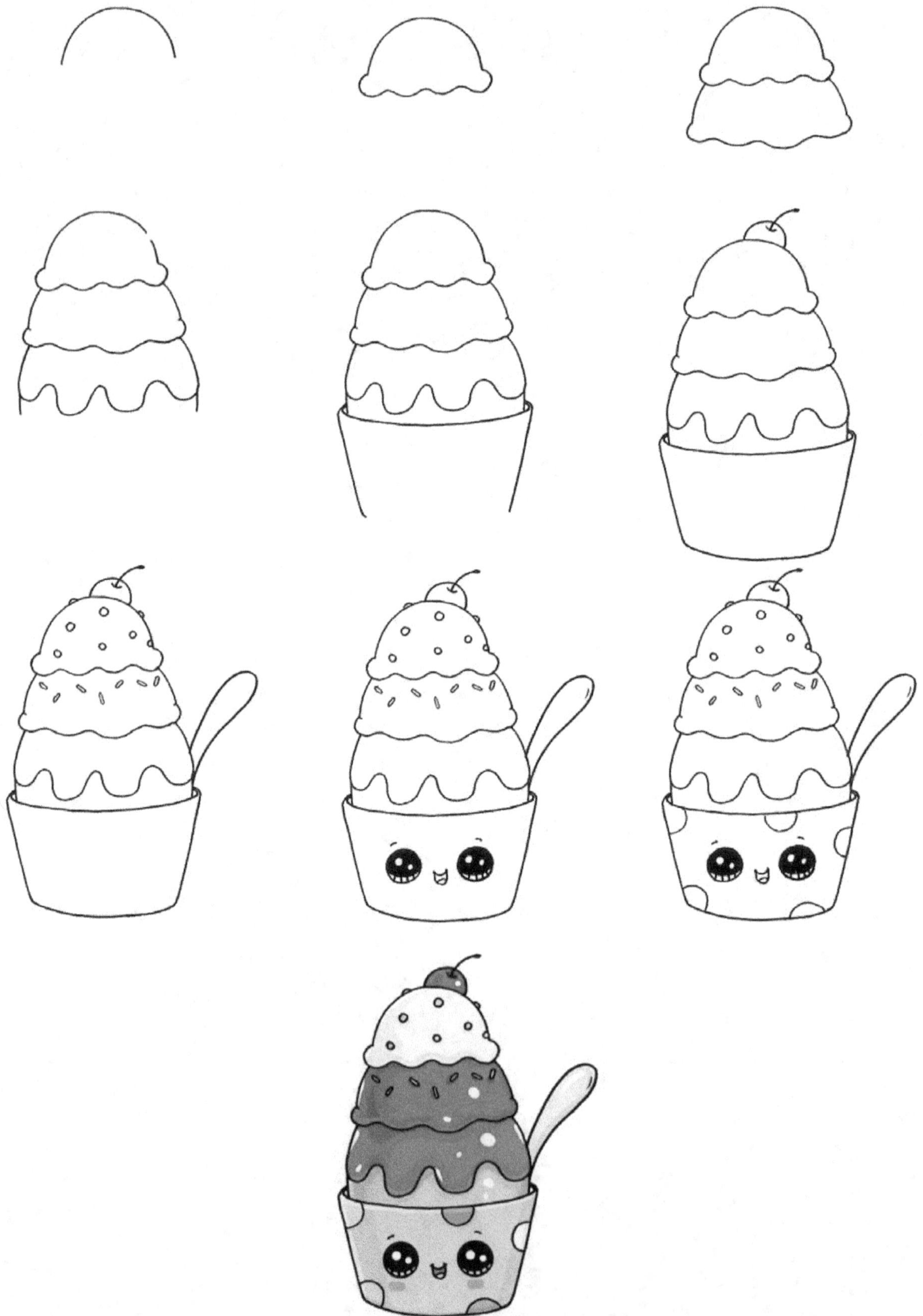

Ahora es Tu Turno!

Aprender Dibuja

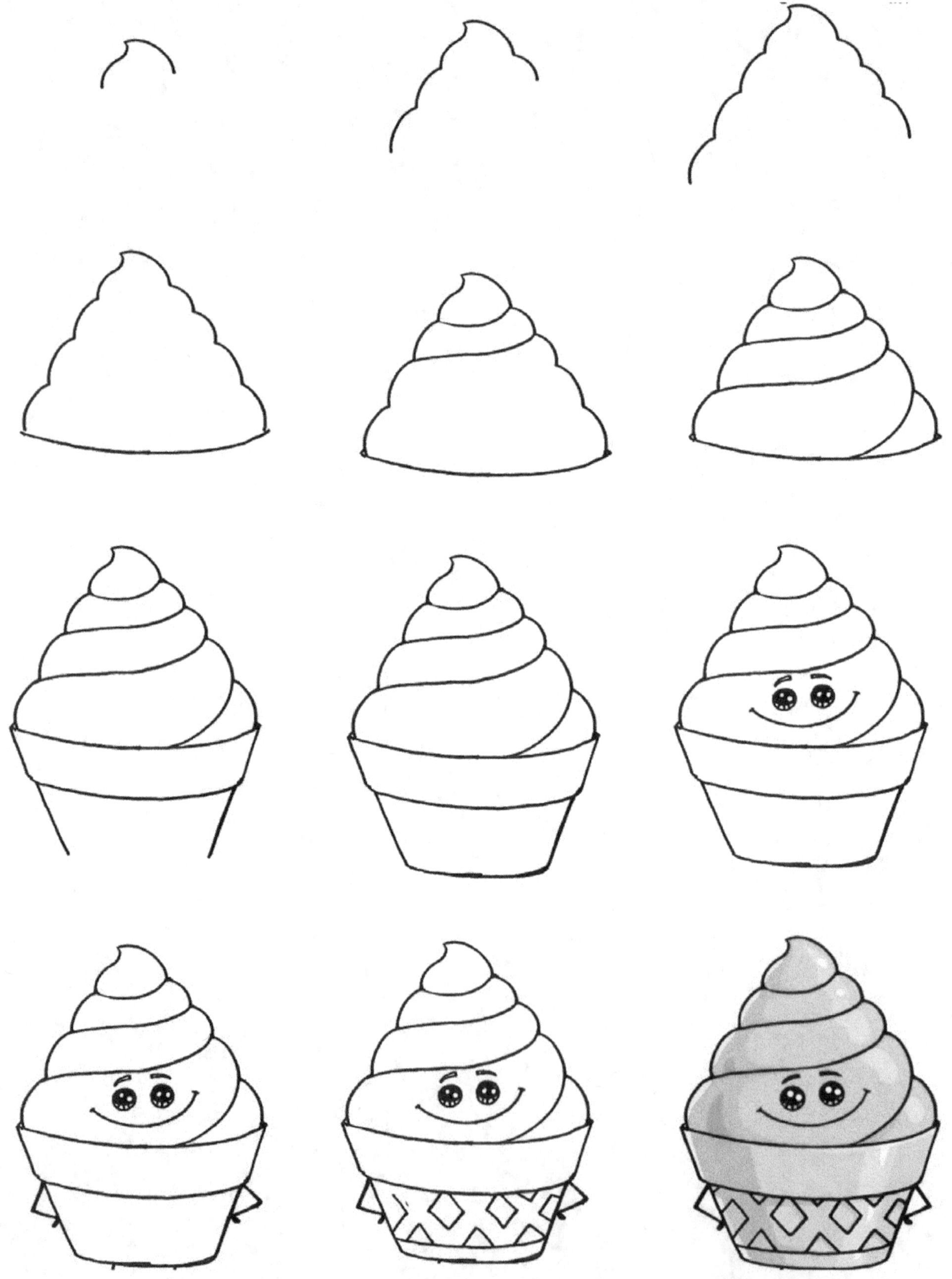

Ahora es Tu Turno!

Aprender Dibuja

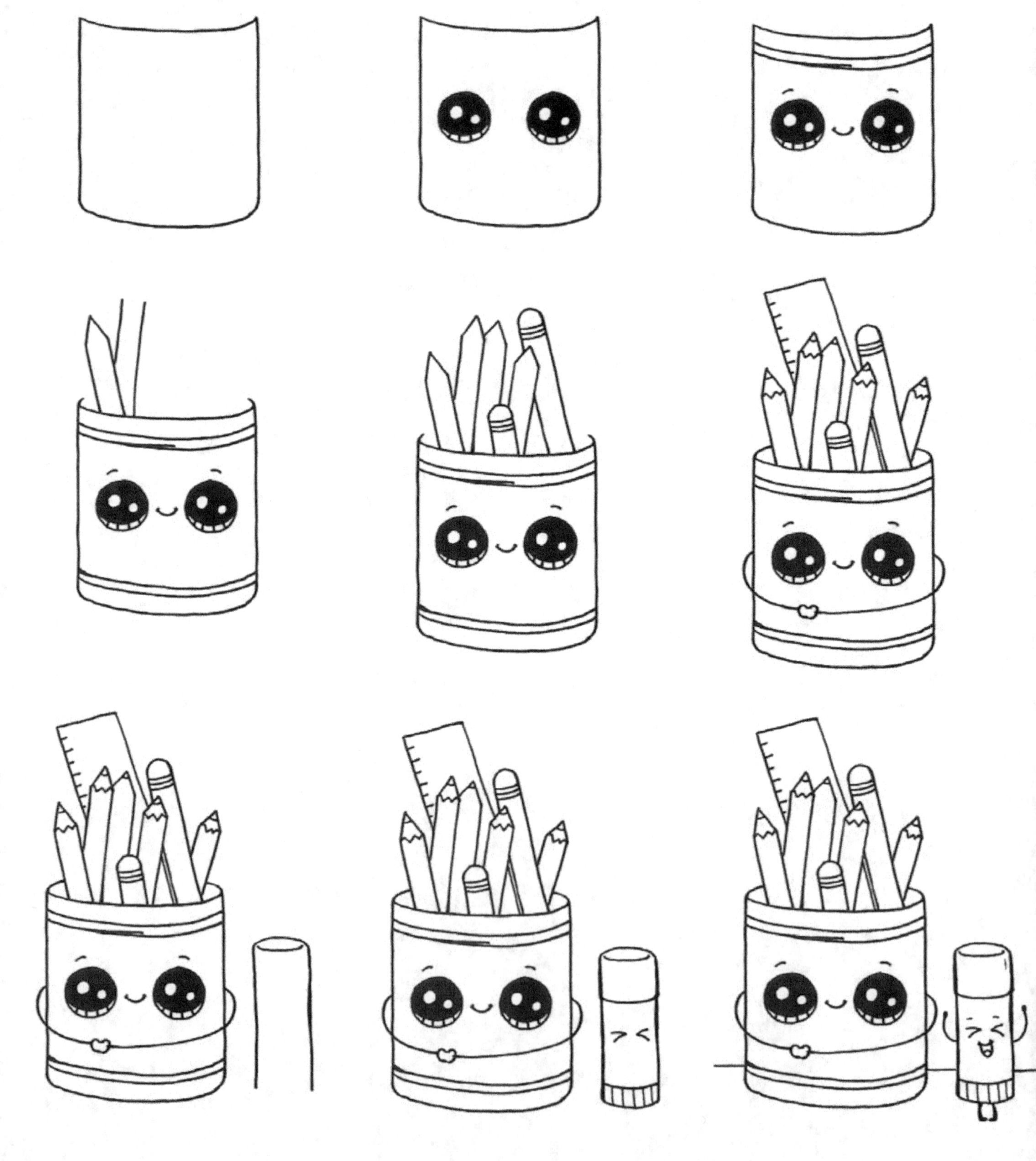

Ahora es Tu Turno!

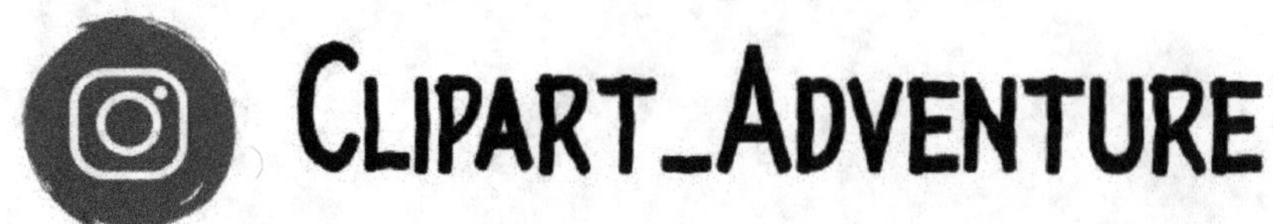
Clipart_Adventure